Das Araberpferd

von Dr. Johannes Erich Flade, Zierow

Siebente Auflage

Mit 91 Abbildungen, 54 Tabellen und 4 Farbtafeln

Die Neue Brehm-Bücherei

A. Ziemsen Verlag · Wittenberg Lutherstadt · 1990

Flade, Johannes Erich:
Das Araberpferd / von Johannes Erich Flade. – 7. Aufl. – Wittenberg Lutherstadt : Ziemsen, 1990. – 144 S.: 95 Ill. (z. T. farb.) : (Die neue Brehm-Bücherei ; 291)
ISBN 3-7403-0163-5

ISBN 3-7403-0163-5

ISSN 0138-1423

Die Neue Brehm-Bücherei 291

Lizenz-Nr. 251 · LSV 136 5
Herstellung: Offizin Andersen Nexö Leipzig, Betriebsteil Hildburghausen
Printed in GDR
Bestellnummer 800 169 4

01370

Vorwort zur siebenten Auflage

Entscheidenden Einfluß auf die Reit- und Wagenpferderassen in vielen Ländern hat direkt oder indirekt das Arabische Vollblutpferd. Seit dem Mittelalter hat es unmittelbar, vom 18. Jahrhundert an zunehmend über das Englische Vollblutpferd, an dessen Zuchtbasis es wesentlich beteiligt war, die Herausbildung der europäischen, insonderheit auch unserer modernen hochleistungsfähigen Sportpferdezucht maßgebend beeinflußt. Auch heute spielt der Vollblutaraber zur Erhaltung und Verbesserung der Pferdezucht aller Kontinente eine mehr oder weniger bedeutende Rolle. Seine Züchtung und Zuchtverwendung erfordert tiefgründiges Wissen und ist zugleich ein markantes Beispiel für die beständige und schöpferische Tätigkeit des Menschen, biologische Gesetzmäßigkeiten für seine gesellschaftliche Entwicklung zu nutzen.

Aufgabe dieses Buches soll es sein, die wichtigsten historischen Daten der Herausbildung des Arabischen Vollblutpferdes sowie seine biologischen Merkmale kurz zusammengefaßt darzustellen und auf bestimmte Probleme hinzuweisen, um den Leser mit dieser nur wenig verbreiteten, aber sehr wertvollen und interessanten Spezialpferderasse bekannt und vertraut zu machen.

Bei der Überarbeitung des vorliegenden Materials wurde versucht, aus den vielfach widersprüchlichen Aussagen ein gültiges aktuelles Gesamtbild zu schaffen. Dazu haben die konstruktiven Hinweise zahlreicher Fachkollegen im In- und Ausland wesentlich beigetragen. Ihnen allen sei an dieser Stelle sehr herzlich gedankt.

Zierow, Juli 1987 J. E. Flade

Inhaltsverzeichnis

1. Herkunft und Zuchtgeschichte 5
   1.1. Zeitraum bis zum 7. Jahrhundert 5
   1.2. Zeitraum vom 7. Jahrhundert bis heute 14
2. Zuchtprobleme 43
3. Stämme, Familien, Zuchtziel 60
4. Haltung im Originalzuchtgebiet 68
5. Reinzucht außerhalb des Hochzuchtgebiets 90
6. Einige Bemerkungen über den Einfluß auf die Warmblutzucht 92
7. Aussehen und Gestalt 96
   7.1. Rumpf und Gliedmaßen 99
   7.2. Kopf 107
   7.3. Wachstum und Entwicklung 110
   7.4. Farbe, Abzeichen und Haarkleid 115
8. Physiologische Eigenschaften 118
   8.1. Fruchtbarkeit 118
   8.2. Trächtigkeitsdauer 120
   8.3. Geschlechterverhältnis 121
   8.4. Nutzungsdauer 121
   8.5. Arbeitsleistung und Fütterung 123
9. Literaturverzeichnis (Auswahl) 131
10. Verzeichnis der Tabellen 139
11. Register 141

1. Herkunft und Zuchtgeschichte

Das Arabische Vollblutpferd ist nach unserer heutigen Kenntnis eine der Pferderassen, die am längsten unter annähernd gleichen Klima- und sonstigen Umweltverhältnissen mit einer gewissen Planmäßigkeit gezüchtet werden. Seit etwa 1300 Jahren wird sie besonders auf der Arabischen Halbinsel mit Methoden der Reinzucht betrieben und deshalb zu den Vollblutrassen gezählt.

1.1. Zeitraum bis zum 7. Jahrhundert

Die Entstehung dieser Rasse geht auf Hauspferderassen zurück, die sehr wahrscheinlich schon Anfang des 3. Jahrtausends v. u. Z. in Mesopotamien und seinen unmittelbar benachbarten Gebieten vorhanden waren, so z. B. im Südwestiran (Mecquenem). Diese Hauspferde führten ihren Ursprung auf die im nördlich und östlich des Zweistromlands beheimateten edlen, feingliedrigen und kleinköpfigen Pferde turkmenischer Hirtenvölker zurück, die im Turan nomadisierten. Dieses große Tiefland des heutigen sowjetischen Mittelasiens erstreckt sich von den Niederungen des Kaspischen Meeres bis zum kasachischen Kleinhügelland und besteht nahezu völlig aus Wüsten und Halbwüsten, die nur von wenigen Oasen unterbrochen sind. Die Existenz des turanischen Pferdes als Vertreter eines im Wüstentyp stehenden Tieres kann von alters her nachgewiesen werden. Bedeutend sind dabei die Ausgrabungen von Fergana (Usbekische SSR), die Abbildungen dieser Pferde aus etwa 1000 v. u. Z. zu Tage brachten; von diesen Pferden (Da-yüans) (Da-yüan = Fergana) wußten bereits die alten Chinesen, daß sie Blut schwitzten und nannten sie „himmlische Pferde", nach deren Besitz sie trachteten. Als aufschlußreich erwies sich der „Pasyryk"-Fund in Kurganen (Grabkammern), die in frostsicherer Zone des Alangahochtals des Altaigebirges um 500 v. u. Z. angelegt worden sind. Sowjetische Forscher (Witt, Rudenko) untersuchten dort 1920 eine größere Zahl frostkonservierter Pferde, von denen einige als aus dem Turan eingeführte typische Wüstenpferde erkannt wurden, die u. a. auch Köpfe mit konkavem Nasenprofil sowie Widerristhöhen zwischen 145 und 150 cm aufwiesen.

Für Überlegungen zur Herkunft des Arabischen Vollblutpferdes ist es in diesem Zusammenhang wichtig zu wissen, daß das heutige Achal-Tekinsker Pferd mit Sicherheit ein direkter Nachfahre des turanischen Pferdes ist. Es wurde wenigstens seit 3 Jahrtausenden in turkmenischen Oasen – also relativ isoliert – gezüchtet, speziell im Areal der großen Oase Achal-Teke, in der auch Aschchabad liegt. Wüstenklima, spezielle Fütterung (Luzerne, Gerste) und der enge persönliche Umgang des Turkmenen mit seinem Kriegspferd sowie die hohen physischen Anforderungen prägten dessen Grundeigenschaften, zu denen kleiner, aber kräftiger Körperbau, hervorragende Konstitution, Schnelligkeit und Ausdauer gehören. Feine Haut, seidenfeines und glänzendes Haar, bestimmte Farbvarianten und ein Gesamtexterieur, das dem des Englischen Vollblüters nahekommt, charakterisieren dieses Hochleistungspferd (Abb. 9). Sein Einfluß auf den Vollblutaraber ist ohne Frage und bestimmend. Er wurde dadurch begünstigt, daß die turkmenischen Stämme mit ihren Pferden noch im Mittelalter im Dienst benachbarter Herrscher standen, so durchgehend bei den Bagdader Khalifen (8. bis 10. Jh.), deren Heer aus turkmenischen Reitern bestand Turkmenische Pferde kamen, wie auch der Vollblutaraber, später nach Rußland und Westeuropa und hatten wesentlichen Einfluß auf die Herausbildung der Warmblut- und Vollblutzucht.

Eine aus Susa (Südwestiran) stammende, in das späte 4. Jahrtausend v. u. Z. einzuordnende Elfenbeinschnitzerei läßt die Möglichkeit erkennen, daß zum mindesten im Südwestiran damals noch Wildpferde vorhanden waren. Aus dem nordirakischen Gawra stammende Stempelabdrücke zum Ende des 4. Jahrtausends v. u. Z. bilden Hauspferde vor der Futterkrippe ab (König). Ein Bruchstück eines Tonreliefs aus Ur zur Akkad-Zeit (2300 v. u. Z.) zeigt einen Reiter im Hocksitz auf einem Pferd mit wehendem buschigem Schweif (Legrain). Unter anderem ist für den Südirak die Nutzung des Hauspferdes im 3. Jahrtausend v. u. Z. nachgewiesen und Anfang des 2. Jahrtausends v. u. Z. gibt es nach Zeugnissen aus dem assyrisch-babylonischen Kulturkreis pferdebespannte Streitwagen.

Die um 1500 v. u. Z. aus der turkestanischen Ebene vordringenden Meder und Perser brachten bei ihren Eroberungszügen Pferde ihres Siedlungsgebiets Turkestan über den Westiran bis zum Zweistromland (das sogenannte Iranische Bergpferd), die dem Modell des heutigen asiatischen Wildpferdes (Przewalski-Pferd) nahestanden, wie Ausgrabungen in Anau bewiesen haben.

Bei der Herausbildung der Rasse des Arabischen Vollblutpferdes sind ursprünglich also vor allem turanische Pferde beteiligt; gewisse Einflüsse östlicher Pferderassen sind dazu durchaus möglich, wurden aber durch selektiv wirkende Klima- und Haltungsfaktoren sowie Maßnahmen der Züchtung eingeordnet. Die dazu so wichtige Kenntnis systematischer Auslesezucht (Selektion) stammt von den Churrittern, die sie etwa im 17. Jh. v. u. Z. den Völkern des Vorderen Orients übermittelten. Ihr Reich Mitanni (Quellgebiet des Euphrat) wurde im 14. Jh. v. u. Z. von den Hethitern unterworfen, die ihrerseits bereits bedeutende Kenntnisse auf dem Gebiet der Züchtung und Nutzung des Pferdes besaßen (vgl. die schriftlichen Überlieferungen von Kikkuli, s. S. 27).

Im Zug der wechselvollen Geschichte des Vorderen Orients wurden Pferde, die Methoden ihrer Haltung, Züchtung und Verwendung später aus diesem Gebiet bis nach Indien (1800 v. u. Z.), nach Ägypten (1700 v. u. Z. durch die Hyksos, Erfinder der Trense), nach Sudan, Libyen und nach Israel 1400 v. u. Z. sowie nach Nordarabien (1300 v. u. Z.) verbreitet (Abb. 3 bis 7). Die Libyer griffen bereits vor 1000 v. u. Z. die Ägypter mit bespannten Kampfwagen an.

Nach ägyptischen Darstellungen, ergänzt durch einen in Florenz aufbewahrten Originalstreitwagen aus dieser Periode mit einer Deichsellänge von nur knapp $^2/_3$ der heutigen, herrschten offensichtlich dort bis zum 13. Jh. v. u. Z. kleine Pferde vor.

Etwa gleichzeitig mit der Ausbreitung von Kupfer und Bronze über die Sahara nach Süden und Südwesten im 13./12. Jh. v. u. Z. wurde dieses damals noch savannenartige, teilweise bewohnte Gebiet mit pferdebespannten Streitwagen durchquert. Die „Straße der Streitwagen“ begann an der Küste der Cyrenaika und endete am Oberlauf des Niger auf der Höhe von Gao und Timbuktu (Lhote). So gelangte das Pferd in diese Bereiche, u. a. bis an die Nordküste des Golfes von Guinea im südlichen Westafrika. An sein Exterieur erinnert noch heute das Togo-Pony (Abb. 37) Auf den Handelswegen zwischen dem Fezzan und Gao oder Timbuktu bzw. auf der „Straße der Streitwagen“ waren Pferde und Wagen jahrhundertelang anzutreffen. Die im Laufe des 1. Jahrtausends u. Z. zunehmende Unbewohnbarkeit der Sahara und ihre Entwicklung zu einer kaum durchdringbaren Wüste brachte eine vollkommene Unterbrechung der Verbindung zwischen Nordafrika/Ägypten einerseits und Zentralafrika andererseits. Neben den schwerwiegenden gesellschaftlichen, wirtschaftlichen und kulturellen Folgen für die Völker des afrikanischen Kontinents war auch eine Isolierung der vorhandenen west-/zentralafrikanischen Pferdezucht die Folge, so daß die spezielle Typung der südlich der Sahara verbliebenen Schläge, z. B. des Togo-Ponys, so erklärbar ist.

Besonders Ägypten, Babylonien und Israel waren in ihrer Blütezeit Träger einer bedeutenden Pferdezucht, in der die Verwendung des Pferdes nicht nur auf das Kriegshandwerk beschränkt blieb (Abb. 3 u. 4). Pferdehaltung und die Kenntnis von Fragen der Pferdezucht standen auf einem beachtlichen Niveau. Unter den literarischen Zeugnissen dafür mögen hier nur der Briefwechsel des Pharao Amenophis III. mit dem König von Babylon (1400 v. u. Z.) über das Wohlbefinden der Pferde in Theben und Babylon, die von Kikkuli aus Mitanni um 1250 v. u. Z. in hethitischen Hieroglyphen (die „sportlichen Fachausdrücke“ in Indo-Arisch; anscheinend war in Mitanni zu jener Zeit die Kenntnis von der Pferdezucht, der Bespannung, des Wagenrennens usw. auf dem höchsten Stand) verfaßte Anspannungs- und Trainingsvorschrift für Wagenpferde und die um 1300 v. u. Z. entstandenen mittelassyrisch geschriebenen Richtlinien für die Akklimatisierung und das Training von Wagenpferden erwähnt werden. Das Pferd hat in der Mythologie und Symbolik der Semiten und Hamiten jedoch keine wesentliche Rolle gespielt.

Die heiligen altindischen Veden dagegen (13. bis 6. Jh. v. u. Z.) und die im Sanskrit verfaßte klassische altindische Literatur beschäftigten sich bereits ausführlich mit dem Pferd. Es war neben dem Menschen heiligstes Opfer (bis in unser 2. Jh.). Nach indischer Auffassung ist das Pferd älter als der Mensch und die Menschheit stammt von einer Stute ab. Die indische Großkönigin nahm den – nur fingierten – Zeugungsakt mit einem getöteten Hengst vor, um einen Heldensohn zu gebären. Die wilde Zeugungslust des Tieres, die Leichtigkeit seines Gebärens ließen die Inder glauben, daß dem Pferd eine größere Lebenskraft und Lebensberechtigung zukam als den Menschen (Asvamedha = Pferdeopfer). Apis, der heilige Stier der alten Ägypter, schwarz mit weißem Stirndreieck, spielte als Offenbarung des Gottes Ptah eine ähnliche Rolle.

Zur Regierungszeit König Salomos (972 bis 933 v. u. Z.) entstanden im israelitischen Großreich riesige Pferdestallungen. Ausgrabungen in Megiddo, Eglon, Hazor und Thaanach brachten Stallkomplexe mit je 450 Einzelboxen und Hallen für 150 Wagen mit Drei-Meter-Stallgang, aufgerauhtem Pflaster, Futterkrippen, Wasserleitungen usw. zutage. Nach der Überlieferung kamen zunächst die Pferde aus Ägypten nach Israel, aus dem Mitanni-Reich und nach dessen Zerstörung aus Cilicien, vor allem aus der fruchtbaren Ebene von Koa, von der aus auch die Besiedelung Lydiens erfolgte. Einige der heutigen anatolischen Landpferdeschläge (Cukurova-Pferd usw.) mit Anklängen an das Modell des asiatischen Wildpferdes können als Nachfahren dieser hethitischen Pferde angesehen werden. Die dort ebenfalls vorhandenen Ceniks zeigen überwiegend den Einfluß des Steppentarpans.

Die der kleinasiatischen Küste vorgelagerten Inseln waren bereits in dieser Zeit alte Kultstätten der Rosseverehrung. Homer spricht in der Ilias (1200 v. u. Z.) von den rossearmen Griechen und den rossereichen Trojanern. Im 10. Gesang schildert er die Überrumpelung des mit Troja verbündeten Thrakerkönigs Rhesos durch Odysseus und Diomedes, bei der dessen berühmte Pferde geraubt und von den beiden Helden ins eigene Lager geritten wurden.

Zu dieser Zeit waren die Wanderungen der Hamiten bis nach Libyen und Tunesien bereits abgeschlossen und das orientalische Pferd in Sizilien vom Süden und in Griechenland vom Westen her bereits eingewandert (Abb. 5). Auch in Oberägypten und im nördlichen Sudan gab es das Pferd bereits seit längerer Zeit (1500 v. u. Z.). Das aus dem oberägyptischen Pferd hervorgegangene Dongola-Pferd ist noch heute in diesem Gebiet beheimatet.

Weiterhin mögen die riesigen, nach Hunderttausenden zählenden, kleinasiatischen Reiterheere Alexander d. Gr. (4. Jh. v. u. Z.) und die ungeheure Anzahl bespannter Streitwagen der Perserheere, zuletzt unter Darius III. (4. Jh. v. u. Z.) erwähnt werden.

Neben den Darstellungen verhältnismäßig primitiver, dem rezenten Przewalski-Wildpferd noch sehr ähnlichen Hauspferden geht bereits aus sehr früheren kulturgeschichtlichen Zeugnissen und Pferdedarstellungen häufig eine Übereinstimmung verschiedener äußerer Merkmale des damals lebenden Pferdes mit dem heutigen Vollblutaraber hervor, die auf ähnliche Entwicklungsbedingungen schließen lassen. Dabei ist eine Anlehnung an Typ und Modell, also auch an die Größe des bis zum 19. Jh. in den südrussischen Steppengebieten beheimateten tarpanartigen Primitivpferdes zu erkennen. Hinsichtlich der Widerristhöhe, der speziellen Kopfform – breiter Stirnteil, kurzer Nasenteil –, der kurzen Rumpflänge und der bestimmten Ausprägung der Rücken- und Kruppenlinie (Längenverhältnis) ist oft eine bedeutende Ähnlichkeit als Folge der anscheinend bereits damals weitgehend einheitlichen Umweltverhältnisse, vor allem auch der Ernährungsweise, vorhanden. In diesem riesigen Gebiet des transkaukasischen/vorderasiatischen Raumes bildete sich also eine Population heraus, die hinsichtlich ihrer äußeren Merkmale nur mäßig differenziert war.

Hierzu gesellten sich sehr wertvolle konstitutionelle und Leistungseigenschaften, die die Tiere für den Einsatz als schnelle Reit- und Wagenpferde für den Kriegsdienst besonders geeignet machten. So kam es bereits Anfang des 2. Jahrtausends v. u. Z. in Vorderasien zur Herausbildung größerer berittener und bespannter militärischer Verbände. Damit unmittelbar in Zusammenhang stehen Bemühungen um eine planmäßige Pferdezucht. In seinen Bemerkungen zur Geschichte der Kavallerie schreibt Engels (1858), daß die Verwendung des Pferdes zum Reiten naturgemäß aus jenen Ländern stammt, in denen Klima und Graswuchs die Entwicklung aller physischen Eigenschaften des Pferdes begünstigen; „während das Pferd in Europa (weite Wald- und Sumpfgebiete, d. V.) und tropischen Asien bald zu einem plumpen Tier oder einem im Wachstum zurückgebliebenen Pony degenerierte, erzielte die Zucht Arabiens, Persiens, Kleinasiens, Ägyptens und der Nordküste Afrikas große Schönheit, Schnelligkeit, Gelehrigkeit und Ausdauer". Die Herausbildung der eleganten, großwüchsigen Reitpferderassen in Europa ist also erst die Folge des Einsatzes von Zuchtpferden, vor allem Hengsten, aus Mittel- und Kleinasien, aus Arabien und Nordafrika usw. und der damit einhergehenden Selektion, zunehmend vom 17. Jh. an.

Das erst 1965 in den südlichen, schwer zugänglichen Randgebieten des Kaspischen

Meeres (Nordiran) entdeckte, sogenannte Kaspische Pony, ist als Nachfahre dieser uralten Populationen im Altiran aufzufassen. Solche Pferde begegnen uns u. a. schon im 2. Jahrtausend v. u. Z. im Irak auf einer Terracotta-Schmuckplatte (Moorey), zunehmend häufiger vom 8. Jh. v. u. Z. an auf assyrischen und seit dem 6. Jh. v. u. Z. auf iranischen Siegeln, Reliefs und Statuetten (Littauer). Durch Kriege, Tributlieferungen und Handel gelangten Pferde dieses Typs im Verlauf der Zeit in Nachbargebiete und andere Länder. Der Kern der entdeckten kleinen Herde von Kaspischen Ponys wurde in die Versuchsstation Norouzabad bei Teheran gebracht (13 Tiere) und dort planmäßig weiter gezüchtet (Firouz). Etwa 30 Tiere waren 1978 vorhanden.

Mit nur 100–122 cm Widerristhöhe ist das Kaspische Pony sehr klein; diese geringe Größe liegt sicher unter der Widerristhöhe des altpersischen Pferdes und kann durch die langandauernde Isolation dieses kleinen Bestands in bestimmtem Umfang provoziert worden sein. Von den morphologischen Merkmalen fallen besonders auf: die breite Ausbildung der Stirn, die konkav verlaufende Nasenlinie und winzige Ohren, insgesamt keilförmige Kopfform mit starker Verjüngung zu dem kleinen Maul, weiterhin die Hals-, Rücken- und Kruppenbildung sowie die ovale Form des Hufes, der in seiner Festigkeit mehr an den des Onagers als an den des Hauspferdes erinnert (Abb. 38). Dieses Exterieur macht deutlich, daß es auch aus dieser Sicht berechtigt ist, die Herkunft des heutigen Araberpferdes aus dem nordöstlich der Arabischen Halbinsel seinerzeit lebenden riesigen Hauspferdebestand abzuleiten. Mit dieser Feststellung ist aber noch nichts ausgesagt über den Weg, den das Pferd nahm, ehe es auf der Arabischen Halbinsel, vor allem in deren Zentrum (Nedschd), auftrat (Abb. 1).

Einige Autoren, u. a. Raswan und Seydel, halten es dagegen für sicher, daß in Südwest- und Zentralarabien ein echtes Wildpferd gelebt hat, das bereits um 2000 v. u. Z. durch die nomadisierenden Stämme eingefangen und domestiziert wurde, und zwar ein Wildpferd eigenen Typs, der wilde Urahn des heutigen Arabischen Vollblutpferdes. In der Altsteinzeit waren Teile der Arabischen Halbinsel von Jägern und Sammlern besiedelt. Bis um das 11. Jahrtausend v. u. Z. boten die klimatischen Bedingungen dort geeignetere Lebensbedingungen als das heute der Fall ist; die europäischen Eiszeiten entsprachen damals in Vorderasien Regenzeiten, wie sie uns aus den heutigen Subtropen bekannt sind. Von dieser Zeit an wurden die natürlichen Voraussetzungen immer schlechter. Nur in den Oasengebieten erhielten sich noch Grundlagen für das Leben von Mensch und Säugetier, so daß allein aus diesem Grund die Wildpferdhypothese nicht haltbar ist.

Im Verlauf der Geschichte erfolgte auf der Arabischen Halbinsel der Übergang zu Ackerbau, später zu Viehzucht und somit die allmähliche Ablösung der Urgesellschaft durch die frühe Klassengesellschaft. Infolge der dort herrschenden optimaleren klimatischen Verhältnisse vollzog sich dieser Prozeß zuerst in ihrem Südwestteil und führte im Westen und Süden auch zu stärkerer Besiedelung und Kultivierung, zunächst der Hochebenen, später mit Hilfe umfangreicher Bewässerungsanlagen auch der Täler und Küsten- bzw. Vorgebirgslandschaften. Seit dem späten 2. Jahrtausend v. u. Z. entstanden dort hochentwickelte Stadtstaaten. Zeitgleich ist hierbei der Übergang zur planmäßigen Zucht des einhöckrigen Kamels (Dromedar) als Grundlage für die Entwicklung des Kamelnomadentums und des Handels auf der Arabischen Halbinsel einzuordnen. Die ersten schriftlichen Nachrichten über die arabischen Beduinen stam-

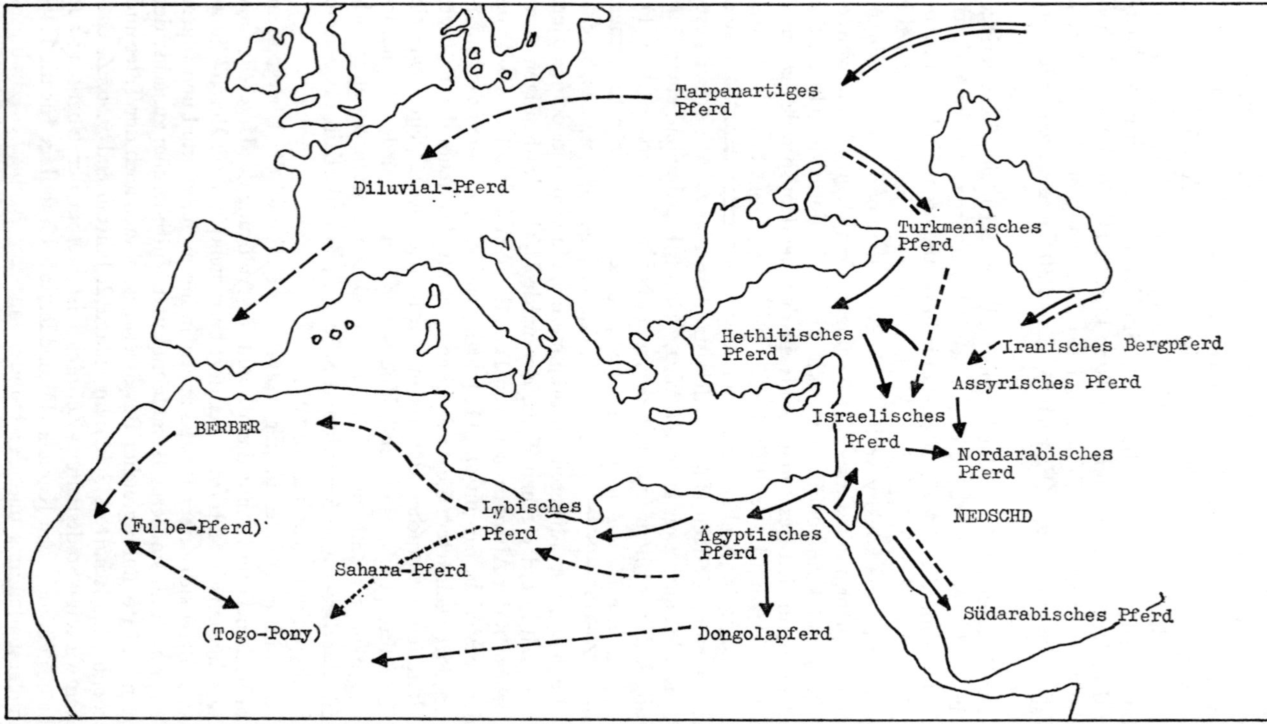

Abb. 1. Vermutliche Verbreitung des Hauspferds im Ablauf der Wanderungen der Arier, Hamiten und Semiten

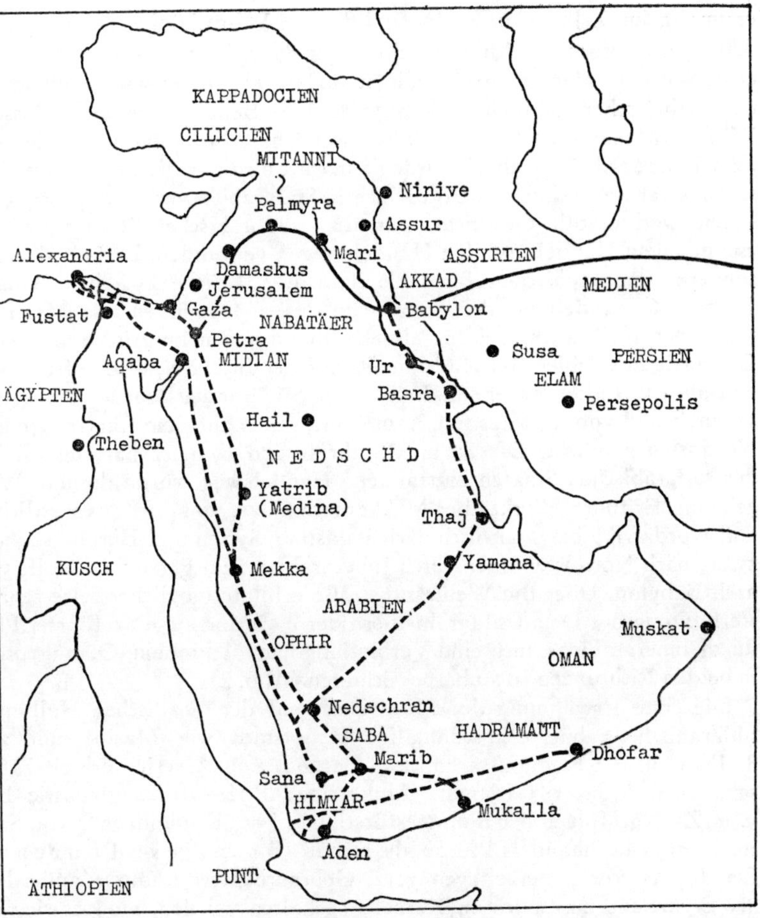

Abb. 2. Der Vordere Orient in vorislamischer Zeit. ------ Weihrauchstraße, ——— Seidenstraße nach China (ab Damaskus)

men aus Keilschrifttexten des mittleren Euphratgebiets (Mari) aus dem 18. Jh. v. u. Z., und der Assyrer aus dem 12. Jh. v. u. Z. (Abb. 2).

In Südarabien kam es im Gegensatz zu Nordarabien zu einer frühen eigenständigen gesellschaftlichen Entwicklung, die sich in der Herausbildung einer eigenen Kultur sowie Sprache und Schrift der alten Südaraber widerspiegelte. Das bedeutete praktisch eine deutliche Trennung zu Sprachen und Dialekten der Nordaraber, auf die das spätere klassische Hocharabisch zurückgeht. Diese Entwicklung wurde durch die seßhafte Bevölkerung Südarabiens vorwärtsgetrieben, während die meisten nomadisierenden Stämme unter den Nordarabern auftraten.

Die Bezeichnung „Araber" erscheint nach unserer derzeitigen Kenntnis relativ spät, erstmalig im 9. Jh. v. u. Z. (Monolith des Assyrerkönigs Salmanassar III., 859 bis 828 v. u. Z., über die Schlacht bei Qarqar 854). Ursprünglich bedeutete dieser Name etwa Wüsten- oder Steppenbewohner (aribi), abgeleitet vom semitischen „arab“ bzw. dem hebräischen „arabah“, die Bezeichnung „Beduine“ bedeutet dasselbe (Badw = Wüste). Mohammed benannte mit „arab“ nur die nomadisierenden Beduinen. Mit dem Wort „aribi“ (Araber) wurden zunächst also nur die Nordaraber bezeichnet; erst seit unserer Zeitrechnung wird es auch in Südarabien verwendet.

Die wechselvolle Geschichte der alten südarabischen Stadtstaaten war besonders eng mit dem Handel und den Handelswegen verbunden. Das ergab sich aus ihrer besonderen geographischen Lage als natürliche Brücke zwischen Asien, Afrika und Europa. Gehandelt wurden Spezereien, neben Gewürzen und Myrrhe war das vor allem der Weihrauch, der für alle Kulthandlungen im Altertum unentbehrlich war. Er wurde im Gebiet von Hadramaut, auf der Insel Suqutra, auf der Somalihalbinsel und auch in Indien angebaut. Im Westen Südarabiens wurde er angelandet bzw. gesammelt und von dort aus mit Kamelkarawanen auf dem Landweg nach Norden und Nordosten gebracht. Dieser, im 2. Jahrtausend v. u. Z. parallel zur Herausbildung der südarabischen Staaten entstandene Handelsweg wurde deshalb Weihrauchstraße genannt. Er führte direkt über Mekka nach Gaza, von dort aus westlich nach Ägypten und Nordafrika bzw. nördlich nach Palästina, Syrien und Europa sowie in einem Abzweig nach Nordosten quer durch Innerarabien zum Persischen Golf, von dort weiter nach Babylon. Über die Weihrauchstraße erfolgte möglicherweise sehr früh auch die Verbreitung nord- und südarabischer oder nach dorthin eingeführter Pferde nach und durch Innerarabien; auch eine Verbindung nach Äthiopien, Oberägypten und Nubien in beiden Richtungen ist zu berücksichtigen (Abb. 2).

Die erste Erwähnung der Pferdezucht auf der Arabischen Halbinsel betrifft das südarabische Sabäerreich (damalige Hauptstadt war Marib), und zwar aus dem 8. Jh. v. u. Z.: König Asarhaddon (Sargon) von Assyrien erhielt 715 v. u. Z. vom sabäischen Mukarrib It'amar (Mukarriba: Priesterfürstendynastie bis zum 5. Jh. v. u. Z., Nachfolger der Stammesfürstinnen [= „Königinnen“] von Saba) zur Sicherung seines Fernhandels Pferde als Tribut (B r e n t j e s, T h u r e a u - D a u g i n). Da die Assyrer seinerzeit genügend Gebrauchspferde hatten, außerdem Pferde nur als Ergänzung zusätzlich zu Kamelen gehalten wurden, muß es sich um besondere, „gute“ Pferde gehandelt haben, die aus dem damals noch wohlhabenden reichen Südarabien kamen. Aus dem 6. Jh. v. u. Z. etwa stammt eine südarabische Bronzefigur von 106 cm Höhe (Abb. 7).

Dem von einigen Autoren angenommenen wesentlich späteren ersten Vorkommen des Pferdes in Südarabien – um oder nach u. Z. – widerspricht die Tatsache, daß im Verlauf der vorstehend kurz skizzierten geschichtlichen Ereignisse eine zunehmende Verödung und Verarmung in Südarabien eintrat und demnach kein Anlaß zum Import und zur Haltung des im Gegensatz zu anderen Haustierarten anspruchsvollen und für Landwirtschaft und Transport nicht benötigten Pferdes vorlag. Mit dem Niedergang der landwirtschaftlichen Kulturen ging auch die Basis für die Pferdezucht und Pferdehaltung verloren. Das Geschenk des byzantinischen Kaisers Konstantin I. (4. Jh.), 200 edel gezogene kappadozische, also kleinasiatische Pferde, für einen jemenitischen Fürsten, hat gewiß nicht zum ersten Auftreten des Pferdes im Südteil der Arabischen Halbinsel geführt. Bereits aus dem ausgedehnten Handel mit Äthiopien,

Indien und Persien und der geographischen Lage dieses Gebietes („Transitland") ergibt sich ein Vorkommen von Pferden von alters her. Über den Umfang der Pferdehaltung in diesem Zeitabschnitt ist uns nichts Genaues bekannt. Er war offenbar gering. Unter Berufung auf Eratosthenes (275 bis 195 v. u. Z.) schreibt Strabo (63 bis 20 u. Z.) in der „Georgica" über die Situation in Westarabien – von Nord nach Süd –, also im 3. bis 2. Jh. v. u. Z.: „Dieses Land (das sogenannte ‚Glückliche Arabien', nördl. des 30. Breitengrades und westl. des 40. Längengrades = Nordwestarabien) haben zunächst nach den Syrern und Judäern Ackerbauern inne. Nach diesem (südl. des 30. Breitengrades) folgt ein versandetes ärmliches Land, welches nur wenige Palmen, Akaziendorn, Tamarisken und Zysternwasser hat wie auch Gedrosien. Es bewohnen dasselbe arabische Sceniten und Kamelhirten. Die äußersten und gegen Süden sich Äthiopien gegenüber erhebenden Teile werden durch Sommerregen bewässert und zweimal besät, wie Indien, und enthalten Flüsse, die sich in Ebenen und Seen verlieren. Es finden sich dort (heutiges Gebiet des Jemen) sowohl eine Fülle von Früchten als auch besonders reichlicher Honigbau und Überfluß an Zuchtvieh, außer Pferden, Maultieren und Schweinen, daneben auch allerlei Geflügel, außer Gänsen und Hühnern ...". In einem späteren Abschnitt schreibt er über das Land der Nabatäer (Nordwestarabien): „Die Schafe sind weißwollig, die Rinder groß, der Pferde ermangelt das Land, Kamele ersetzen ihren Dienst ...".

Der römische Feldherr Gallus (26 v. u. Z.) fand bei den halbnomadisierenden arabischen Stämmen keine Pferde vor. Dagegen berichtet Xenophon davon, daß der Araberkönig Aragdos (Nordwestarabien) sich mit Reitern und Streitwagen im 6. Jh. v. u. Z. mit dem Lydischen König Krösus am Kampf gegen Kyros beteiligt. Dann werden die Berichte häufiger. In Innerarabien ist das Pferd offensichtlich erst nach der Zeitwende als ständiger Begleiter des Arabers aufgetreten. Pferde aus Ägypten gelangten nach Arrian im 3. Jh. u. Z. per Schiff durch das Rote Meer nach Südwestarabien und Hadramaut.

Über pferdeberittene innerarabische Stämme wird um 400 berichtet; Sarazenen und Thamudenen tauchen in den Randgebieten des Nordens und Nordwestens auf. Ammon zitiert Ammian, der aus dem 4. Jh. berichtet: „Die Sarazenen (ein Nomadenvolk des nördlichen Arabiens, Amm.) machen alle ihre Überfälle auf Kamelen oder auf leichten unansehnlichen, aber ausdauernden Pferden. ... Die Sarazenen zeigen sich durch ihre schnellen, dünnleibigen Pferde aller Orten ...". In der altarabischen Literatur (Imru'ulkais z. B.) Anfang des 6. Jh. wird dem Pferd als unentbehrlicher Begleiter des Beduinen bereits große Aufmerksamkeit geschenkt. Seine dem Kamel gegenüber leichtere Lenkbarkeit und Schnelligkeit kam ihm besonders zustatten. Erst die Verwendung des Pferdes im Kampf machte auch die Araber zu den erfolgreichen Streitern, als die sie sich nach Begründung des Islams erwiesen.

Seit ihrem Bestehen waren die südarabischen Staaten, die Reiche der Minäer, der Sabäer, Qataban und Hadramaut, ständig in verlustreiche Kämpfe um die Vorherrschaft in diesem Gebiet verwickelt, die schließlich von den Himyariten im 3. Jh. und vom 4. bis 6. Jh. durch die Kinda übernommen wurde. Südarabische Stämme flohen nach Norden, um diesen Auseinandersetzungen auszuweichen. So finden wir z. B. die Thanuch im 3. Jh. am unteren Euphrat, wo sie Hira gründeten, das später zur Residenz der Lachmiden wurde. Um 525 eroberten die äthiopischen Aksumiten das südarabische

Himyaritenreich und besiegelten damit endgültig den Zerfall der dortigen alten Kulturen (Abb. 2). Die sassanidischen Perser annektierten ausgangs des 6. Jh. (572) Südarabien.

Bereits im 1. bis 4. Jh. bestanden arabische Ansiedlungen in den oberägyptischen Steppen, die aber ohne nachhaltigen Einfluß auf die dortige Entwicklung blieben. In Nordarabien waren dagegen von etwa 100 v. u. Z. bis zu Beginn des 2. Jh. u. Z. außer den arabischen Lachmiden vor allem die arabischen Nabatäer (Hauptstadt Petra) die führenden Stämme, die jedoch 105 dem Römischen Reich unter Trajan unterlagen. Das Nabatäerreich wurde römische Provinz; seine Hauptstadt wurde nach Palmyra verlegt, das, wie auch Baalbek und Hatra, danach eine langjährige Blütezeit erlebte. 273 wurde es durch die Truppen Aurelians völlig zerstört. Erst im 5. und 6. Jh. stabilisierte sich in Nordarabien das Reich der Ghassaniden mit der Hauptstadt Damaskus. Dieses Reich brach mit der Eroberung Jerusalems und Damaskus durch die Sassaniden 613 und (Perser) 614 zusammen.

1.2. Zeitraum vom 7. Jahrhundert bis heute

Rund zweihundert Jahre nach dem Untergang des Weströmischen Reiches, also im 7. Jh. waren große Teile Arabiens verwüstet und verödet. Die im gleichen Jahrhundert erfolgte Ausdehnung des Sassanidenreichs unter Chosrau II. durch Eroberung sämtlicher orientalischer Provinzen des Oströmischen Reiches (610 bis 616) war ein schwerer Schlag für das Christentum und die Kreise, die mit ihm sympathisierten. Zu diesen gehörte auch Mohammed (570 bis 632), der, ergriffen von den religiösen Gedanken, die als Folge christlicher Beeinflussung in Arabien Fuß faßten, zunächst in Mekka als Prophet und Warner vor einem Strafgericht Gottes auftrat. Er forderte den Abfall vom Götzendienst und die Anbetung eines Gottes (Allah). Er glaubte, in der Ekstase den Willen dieses Gottes vernommen zu haben, und trug ihn als sein unmittelbares Wort vor (Vortrag = qur'ân = Koran). Schwere Auseinandersetzungen mit seinen am alten Glauben festhaltenden Landsleuten zwangen ihn 622 zur Flucht nach der Oasensiedlung Yathrib, dem heutigen Medina (seit 622 „die Stadt des Propheten“ oder einfach „Die Stadt“ = al-medina = Medina). Dort gründete er die erste Glaubensgemeinde. Dieses Ereignis war die Geburtsstunde des islamischen Gemeinwesens. Das Jahr 622 der Übersiedlung von Mekka nach Medina wurde zum Jahr 1 der Hedschra (= Flucht) und damit zum ersten Jahr der islamischen Zeitrechnung. Acht Jahre später zog Mohammed als politischer und religiöser Sieger wieder in Mekka ein, machte die Ka'ba zur heiligen Stätte der neuen Religion und nahm 631 den Beitritt aller arabischen Stämme zu seinem theokratischen Staatswesen entgegen. Er übte damit praktisch die Herrschaft über die gesamte Arabische Halbinsel aus, die auch nach seinem Tode längere Zeit gefestigt blieb und zur religiösen, rechtlichen und sprachlichen Einigung der Araber führte.

Von vornherein hielt Mohammed eine starke Streitmacht, zunächst zur Sicherung gegen Stammesabfall und Untreue, für notwendig. Den militärischen Wert des Pferdes, dem er bereits in seiner Jugend sehr zugetan war, hat er wahrscheinlich zuerst voll erkannt, als seine Kamelreiter im Gefecht bei Othod (625) durch feindliche Kavallerie geschlagen wurden. Seitdem setzte er sich mit allem Nachdruck zur Hebung der

Pferdezucht bei den nomadisierenden Stämmen ein. Durch seine im Koran festgelegten Äußerungen ordnete Mohammed u. a. auch das Pferd fest in die religiöse und soziale Vorstellungswelt der Beduinen ein. In mehreren Suren des Korans ist von dem Pferd die Rede, so in der 3. (Vers 12): „Verlockend ist dem Menschen gemacht die Liebe für die Freuden an Frauen und Kindern, an aufgespeicherten Talenten (Talent = griechische Verrechnungseinheit für 26,2 kg Silber) von Gold und Silber, an Rassepferden, Herden und Ackerland. Solches ist dem Nutzen des Lebens auf der Erde; aber Allah – bei ihm ist die schönste Heimstatt". Die 100. Sure, „Die Renner" (= die Stuten), ruft Pferde zu Zeugen an. Eine Fülle von Maximen über das Pferd stammen aus dieser Zeit und kehren in der arabischen und später auch in der europäischen Literatur ständig wieder.

Mohammed selbst besaß eine Anzahl von arabischen Zucht- und Reitpferden, meist Hengste; nach Schiele sind uns 25 Namen überliefert: Ablak, Sidschil, Nedschib, Dariman, Mandub, Mudam, Muraweh, Murtedschez, Sabha, Tirf, Mulawik, Edhem, Bahr, Yasub, Sabbah, Lizaz, Lahif, Dhu Limmeh, Dschulimah, Zarib, Sakb, Schadayah Zaglah, Miruwi, Ward. Mit einigen von ihnen wurde auch die aus der vorislamischen Zeit stammende Tradition der Pferderennen bei den Beduinen fortgesetzt. 627 ließ Mohammed in El Hafia ein Rennen über 9000 m mit trainierten und über 1500 m mit untrainierten Pferden laufen. Seitdem werden Pferderennen bei den arabischen Völkern besonders gepflegt. Bedeutende Rennbahnen befinden sich heute in vielen arabischen Großstädten (Tab. 47).

Trotz der historisch gesehen sehr raschen Entwicklung von Pferdezucht und berittener militärischer Streitmacht bei den Arabern ist ihnen noch lange Zeit hinsichtlich ihrer Kleidung und Bewaffnung (Fehlen der Hose und des Säbels, Vorrang der Stoßlanze vor dem Bogen) ihre ursprüngliche Fremdheit dem Pferd gegenüber anzumerken. Noch im 13. Jh. waren Reiten und Wagenfahren, Kampf zu Pferde und Pferdesport im großen und ganzen auf dem Niveau der römischen Antike stehengeblieben. Während der europäische Reiter bereits im 10. Jh. mit Steigbügel ritt, benutzte ihn in den arabischen Ländern selbst im 13. Jh. nur die türkische Oberschicht (Jancovich).

Da die Haltung von Pferden unter den klimatischen Bedingungen Innerarabiens und auch Teilen seiner Randgebiete auf große Schwierigkeiten stößt – vor allem infolge des täglichen Wasserbedarfs – waren Pferdezucht und Pferdehaltung in Arabien bis heute immer nur auf einen kleinen Kreis vermögender Beduinen beschränkt. Bei allen nomadisierenden Stämmen wurden und werden – im Gegensatz zu den Nomadenviehzüchtern Mittel- und Zentralasiens – weder die Milch noch das Fleisch des Pferdes zu Nahrungszwecken verwendet. Das Pferd wurde nur als Reittier und Mittel für Raubzüge und kriegerische Auseinandersetzungen genutzt. Beispielsweise brachte in der Schlacht von Bekr (634) Mekka neben 700 Kamelen nur 100 Pferde zum Einsatz; die Weideflächen, die zur Reproduktion des Bestandes an Reit- und Transporttieren des Heeres unter dem II. Khalifen Omar (634 bis 644) bestimmt waren, waren zwar mit 30000 Kamelen, aber nur mit 300 Pferden besetzt. Nur in Einzelfällen verkauften die Beduinen Pferde (vorwiegend Hengstfohlen) oder verschenkten sie.

Später wurden Pferde auch als Bestechungsmittel für die Lakaien der herrschenden Oberschicht eingesetzt; Sachau schreibt Ende des 19. Jh. dazu u. a.: „Das Mittel, mit dem die Beduinen die türkischen Beamten corrumpieren, sind schöne Pferde. Der am meisten gepriesene und begehrte Besitz in jenen Ländern sind echte Pferde aus der Wüste."

Derartige Schenkungen und Verkäufe führten schließlich um die Wende des 19./20. Jh. zum Absinken des Bestandes an wertvollen Vollblutarabern, die damit in vielen Fällen auch der Zucht verlorengingen. Das Pferd wurde zugleich zunehmend mehr zum Parade- und Repräsentationstier des arabischen Feudaladels, dessen unermeßlicher Reichtum im krassen Gegensatz zur kaum vorstellbaren Armut großer Teile der beherrschten und unterdrückten Völker stand. So berichtet u. a. Olearius (um 1599 bis 1671), der im Auftrage Herzog Friedrich III. von Holstein-Gottorp an einer Gesandtschaftsreise zum Schah von Persien teilnahm, 1637 aus Isphahan (heutiges Esfahan): ... „Nicht fern von diesem Diwanchane (Lusthaus, in welchem die Audienz stattfand, d. V.) standen des Königs Pferde, an die fünfzig Stück, mit köstlichen Decken, so mit Goldstoff und stickter Arbeit geziert, belegt, und nahe am Haus etliche gesattelte schöne arabische Pferde; die Sättel und Zäume waren mit klarem Golde überzogen und mit Edelsteinen besetzt. Sie standen alle unter bloßem Himmel, an den Hinterfüßen mit Stricken an die Erde gepfählt (damit sie sich nicht gegenseitig schlugen, d. V.). Die meisten waren an Schenkeln und Bauch pomeranzengelb gefärbt. Neben dieselben waren große goldene Schalen gesetzt, aus welchen man den Pferden zu trinken gab ...".

Das vorstehend kurz begründete, geringe Vorhandensein des Pferdes auf der Arabischen Halbinsel war keine Basis für den Aufbau großer Reiterarmeen. Erst die Eroberung des pferdereichen Irans Anfang des 8. Jh. schaffte die Voraussetzungen für das Auftreten der Araber in großen berittenen militärischen Einheiten.

Der Siegeszug der Araber unter der grünen Fahne des Propheten hatte seine ideologische Grundlage sowohl in den für das Jenseits paradiesverheißenden religiösen Motiven als auch in der durchaus realen Aussicht auf riesige Beute und persönlichen Reichtum für das Diesseits (vgl. die 3. Sure des Korans). Schon 628 gehörte Südarabien nach dem Scheitern der Sassaniden vor Byzanz zum Gebiet des Khalifats und war mit Medina verbündet; bereits zu Anfang des 8. Jh. war die Hälfte der damals bekannten Welt erobert und im 9. Jh. das arabisch-islamische Weltreich errichtet, das vom Indus bis zum Atlantik, vom Kaukasus bis zur südlichen Sahara reichte. Seine kulturellen und geistigen Zentren lagen weit weg vom Ausgangsgebiet des Islams, das zunehmend in gesellschaftliche, kulturelle und geistige Stagnation und schließlich in Rückständigkeit fiel.

Mit der islamischen Eroberung kamen auch arabische Wissenschaft und Kultur in weite Gebiete, wobei eine Verschmelzung der Kultur in den eroberten Territorien mit der der Okkupanten eintrat. Die auf den Erkenntnissen der materialistischen antiken griechisch-römischen sowie der indischen Wissenschaften fußenden und durch arabische Gelehrte zu höchster Blüte entwickelten Geistes- und Naturwissenschaften (z. B. Philosophie, Geschichte, Geographie, Astronomie, Mathematik, Human- und Tiermedizin) gelangten so nach Südwesteuropa (711 Spanien, 732 Bordeaux erobert usw.) wie auch nach Transkaukasien und Mittelasien (715) oder nach Pakistan (711 Indus-Tal erreicht). Dort wurden sie nicht nur durch die Araber selbst, sondern später auch durch Angehörige der unterworfenen Völker bereichert.

Der Einfluß der arabischen Wissenschaft und Kultur brachte auch für die gesellschaftliche Entwicklung dieser Völker große Fortschritte, die so z. B. auf der Pyre-

Abb. 3. Reitender Pferdebursche, ägyptisch, 16. Jh. v. u. Z. (Zoologische Staatssammlung, München)

Abb. 4. Babylonischer König (Assurnasirpal II.) auf der Löwenjagd, Relief aus Ninive/Nordirak, 9. Jh. v. u. Z. (Staatliche Museen zu Berlin)

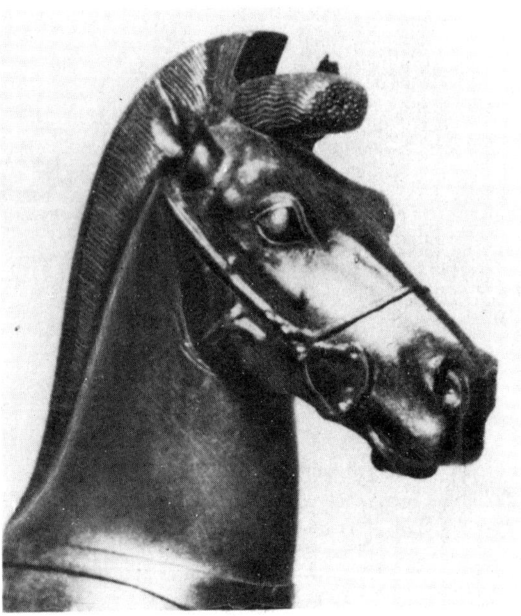

Abb. 5. Pferdekopf aus einem Viergespann aus Olympia, 470 v. u. Z. (Weihgeschenk, Museum Olympia)

Abb. 6. Bronzeplastik aus Südarabien, um das 2. Jh., altsüdarabische Weihinschrift an die Sonnengöttin. Nach A. Grobmann, München

Abb. 7. Bronzeplastik aus Südarabien, etwa 5. Jh. u. Z. (Museum Washington)

Das XXII. Capitel. Von denen Arabischen und Türckischen Pferden. 45

Das XXII. Capitel.

Von denen Arabischen und Türckischen Pferden.

Die Arabischen Pferde sind gar sehr gute Pferde, dahero sie auch denen Türckischen vorzusetzen seyn, weil sie von denen Türckischen Herren in grössern Ehren gehalten werden, als ihre eigene Pferde; und müssen nur durch grossen Faveur, oder sonsten an einer Ranzion eines fürnehmen Officiers bekommen werden. Diese Pferde sind nicht so starck als die Türckischen, aber viel subtiler, auch weit bessers Mauls. Insonderheit lauffen sie wohl, und sind viel flüchtiger als die Türckischen Pferd, sind darbey gar fromm und sanfftmüthig, welches man Schuld giebt, daß sie mit Cameels-Milch ernehret werden; Die Araber sind mit ihren Pferden so embsig, und in dieselbe verliebt, daß sie derselben gantze Freundschafft und Nachkommen so fleißig mercken, als ein grosser Herr nimmermehr mag bedacht seyn, die Nachkommen seines hohen Hauses aufzuzeichnen. Und solches ihr Geschlecht-Register bringen sie (vermöge ihres geprägten Geldes oder Medaillen) zuwegen, die sie mit Fleiß zu solchem Ende verfertigen lassen; wann nun einige von ihren Kindern erwachsen sind, so geben ihnen die Vätter zwey paar Waffen und Säbel von damascirten Stahl, samt einem solchen Pferd, darinnen bestehet nun eines Arabers Erb-Gut, welches er so werth hat, daß es neben ihm im Felde schlaffen muß.

Abb. 8. Aus Valentin Trichter „Georg Engelhard von Löhneisen, Neueröffnete Hof-Kriegs-Reit-Schul", in Verlegung Paul Lochners, 1729, Nürnberg

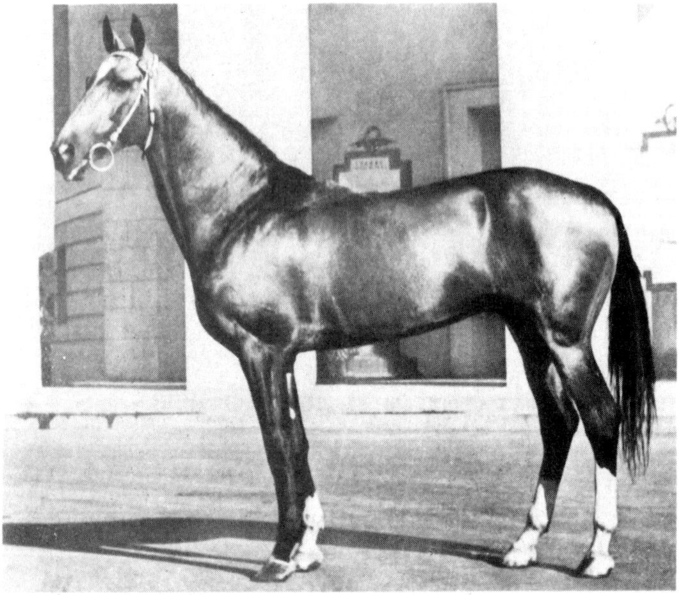

Abb. 9. Hengst „Meleke“, Achal-Teke, geb. 1947. Champion der Allunionsausstellung für Landwirtschaft Moskau 1954. Aufn. Archiv. A. Krasnikow

Abb. 10. Arabische Vollblutstute aus der Zeit Karl II. (Reg. 1660–1685), eine der 42–43 „Royal Mares“, aus dem Orient nach England eingeführt. Sie gehört zu den Stamm-Müttern des Englischen Vollblutpferdes. Nach einem Gemälde von J. Sartorius d. Ä.

Abb. 11. Hengst „Darley Arabian“, geb. 1702, einer der drei Stammväter des englischen Vollblutpferdes. Nach einem Gemälde von J. W o o t o n

Abb. 12. Stute „Nichab“, geb. 1818, gezüchtet von Hester S t a n h o p e (im Sattel), ehem. Kloster Abra/ Libanon-Gebirge; die Stute kam 1824 nach Frankreich (Gestüt Pin, seit 1833 Gestüt Pompadour), wurde 31 Jahre alt, brachte 7 Anglo-Araber und 8 Vollblutaraber, davon 7 Zuchthengste, die große Bedeutung erlangten. Aufn. Archiv

Abb. 13. „Turcmainatti" or.ar., 1791–1806, Gestüt Neustadt/Dosse. Nach einer Radierung von B ü r d e, 1821

Abb. 14. „Koylan" or.ar., ab 1817, Gestüt Neustadt/Dosse. Nach einer Radierung von B ü r d e, 1821

Abb. 15. „Siwas“ or.ar., ab 1817, Gestüt Neustadt/Dosse. Nach einer Radierung von **Bürde**, 1821

Abb. 16. „Kapudan-Pascha“ or.ar., ab 1817, Gestüt Neustadt/Dosse. Nach einer Radierung von **Bürde**, 1821

Abb. 17. „Madim" or.ar., ab 1817, Gestüt Graditz. Nach einer Radierung von Bürde, 1821

Abb. 18. „Buchara" or.ar., ab 1817, Gestüt Graditz. Nach einer Radierung von Bürde, 1821

Abb. 19. Araberpferd. Nach einem Stich in M. C h a t e l a i n „Mémoire sur les chevaux Arabes", Paris, 1816

Abb. 20. „Emir" Rzewuski in der arabischen Wüste (1817 bis 1819). Nach einem Gemälde von J. K o s s a k

Abb. 21. Hengst „Bairactar", geb. 1813, v. Saqlawi-Hengst, a. Gidran-Stute. Züchter: Innerarabien. Letzter Standort: Weil. Nach einem Gemälde

Abb. 22. Hengst „Ciaffar" or.ar., Gestüt von Abbas Pascha (1813–1854). Nach einem Stich von V. Adam

Abb. 23. Mit goldenem Zaum- und Sattelzeug ausgerüsteter Araberhengst eines mameluckischen Würdenträgers – um 1810 –. Nach einem Stich von V. A d a m

Abb. 24. Hengst „Merdzenkir", geb. um 1840, mit J. Dzieduszycki. Züchter: Innerarabien. Letzter Standort: Polen. Nach einem Gemälde von J. K o s s a k

Abb. 25. Hengst „Haleb", geb. 1901, v. Shuwayman-Sabbah, a. Muniquiyah-Sbailiyah. Züchter: Innerarabien. Letzter Standort: Großbritannien. Nach einer Zeichnung von H. Davenport

Abb. 26. Stute „Gazella", geb. um 1840. Züchter: Innerarabien. Letzter Standort: Polen. Nach einem Gemälde von J. Kossak

Abb. 27. Arabische Vollblutstute aus Südarabien. Nach einem Stich in W. Tweedie „The Arabian horse, his country and people", London, 1894

Abb. 28. Original-Arabischer Abstammungsnachweis für eine Stute mit 12 Siegeln. Nach W. Tweedie, 1894

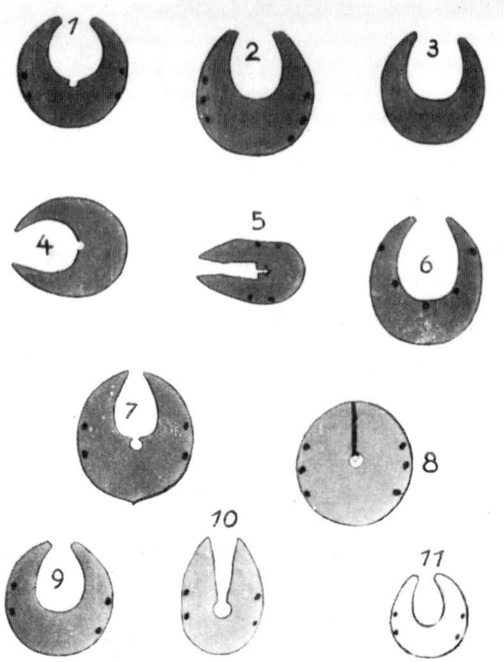

Abb. 29. Verschiedene altarabische Hufeisenformen, 18. Jh. 1. allgemein gebräuchliche Form; 2. malische Form; 3. fester Beschlag; 4. Beschlag für nach außen gekrümmten Huf; 5. Beschlag für rehekranke Pferde; 6. dasselbe; 7. Beschlag für schreckhafte Pferde; 8. ringförmiger Beschlag; 9. umgekehrter Beschlag; 10. Beschlag für Fohlen; 11. Beschlag für Esel. Nach einer Zeichnung aus H a m m e r - P u r g s t a l l „Das Pferd bei den Arabern", Wien, 1856

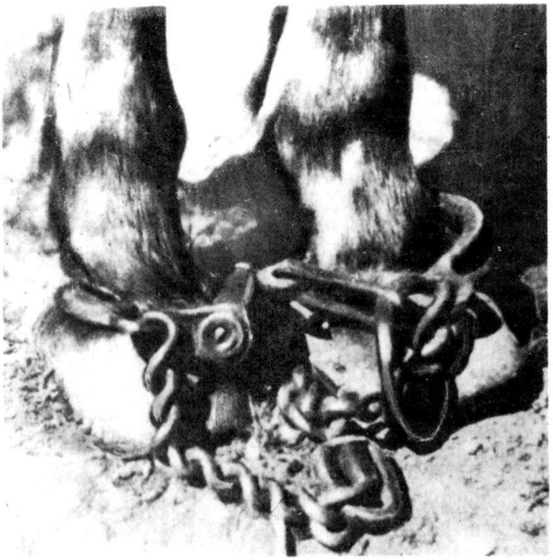

Abb. 30. Schloßfessel, von nomadisierenden Beduinenstämmen zur Fesselung ihrer Pferde verwendet. Aufn. Archiv

Abb. 31. Original-Arabische Stute nur mit Halfter und Halfterleine gezäumt und auf Zuruf geritten. Standort: Innerarabien. Aufn. C. R. R a s w a n, 1928

Abb. 32. Arabische Vollblutstute nach großen Strapazen. Aufn. C. R. R a s w a n, um 1925

Abb. 33. Stute „Dahmeh" aus dem Gestüt Emir Isa Bin Sulman Al Khalifa (Bahrein). Aufn. D. Al Khalifa, veröff. 1971

Abb. 34. Hengst „Ibn Rabdan", geb. 1917, v. Rabdan, a. Bint Gameela III (später Bint Jamila III). Züchter: Gestüt Kamal ad-dine (Ägypten). Letzter Standort: Ägypten. Nach einer Zeichnung von Colmore in Mohamed Aly, „Breeding of pure bred Arab horses", Cairo, 1935

näenhalbinsel „überhaupt erst Schreiben und Lesen lernten" (v. Schnitzler). Ihre Ausstrahlung war tiefgründig und auch für Europa von bleibender Dauer: „Herrlich ist der Orient übers Mittelmeer gedrungen – nur wer Hafiz (pers. Dichter um 1325–1390) liebt und kennt, weiß, was Calderon (span. Dichter 1600–1681) gesungen" (Goethe im West-Östlichen Divan).

Die Sprache war das sogenannte Hocharabisch, die Sprache des Korans, der lange Zeit nicht in andere Sprachen übersetzt werden durfte. Erstmalig erschien im 12. Jh. eine freie Übertragung des Korans, die Martin Luther 1543 zum Druck empfahl (Vorwort von Philipp Melanchthon) und die um 1547 ins Italienische übersetzt, dann 1616 von Schweigger deutsch herausgegeben wurde. Die erste deutsche Übersetzung aus dem Urtext schuf Megerlin 1772, die sogenannte „Türkische Bibel"; Goethe benutzte sie zur Vorbereitung des West-Östlichen Divans.

Durch die Araber wurden auch Kenntnisse und Methoden der Pferdezucht und -haltung nach den damals neuesten wissenschaftlichen und praktischen Erfahrungen verbreitet. So gab es bereits im Jahre 1286 einen Fall von „künstlicher Besamung" bei Pferden: Ein Beduine befruchtete seine Stute mit dem Sperma eines Araberhengstes erfolgreich. Der Hengstbesitzer hatte sich geweigert, ihm den Hengst zur natürlichen Bedeckung zur Verfügung zu stellen. Als Instrument zur Spermaübertragung wurde ein Haarbüschel benutzt.

Es erweiterte sich auch die Arabische Pferdezucht (Abb. 35) und gewann, aus-

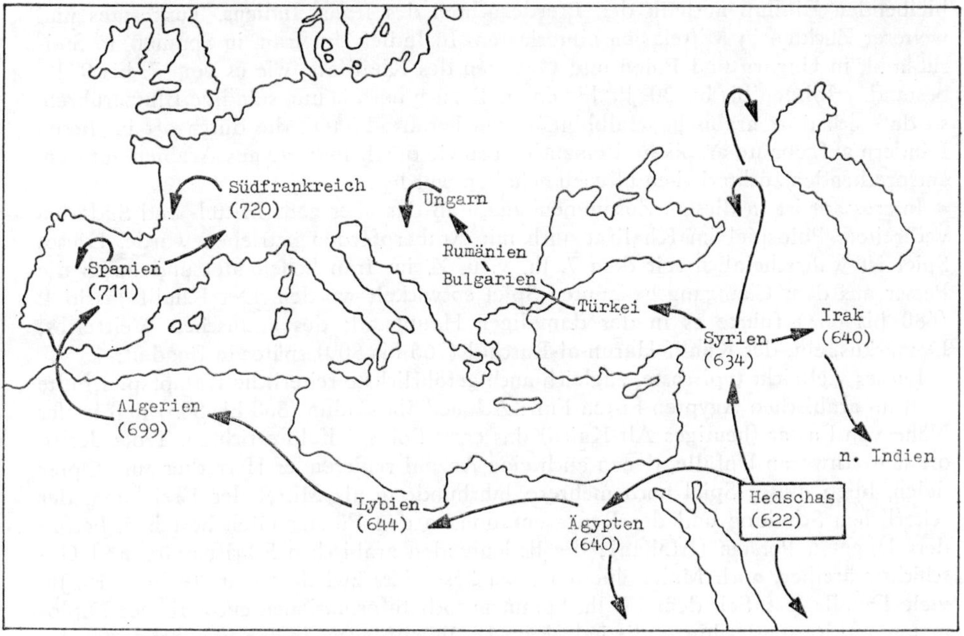

Abb. 35. Wanderungen des arabischen Pferdes im Verlauf der Ausbreitung des Islams

gehend von den Randgebieten der Arabischen Halbinsel, in den besetzten und ihnen benachbarten Gebieten laufend an Einfluß. Das seinerzeit in zahlreichen Varianten, Schlägen oder Rassen vorhandene, edle orientalische Pferd wies bereits damals infolge seiner zwei bis drei Jahrtausende währenden Züchtung in diesen Gebieten mit zum Teil Steppen- bzw. Wüstenklima und den damit verbundenen kargen Haltungsverhältnissen den kennzeichnenden „trockenen Typ" auf. Es kam in den der Hedschra folgenden 1400 Jahren durch die speziell in Innerarabien (vorwiegend im Nedschd-Hochland) herrschenden äußeren natürlichen Bedingungen, durch konstitutionelle Auslese und besondere Zuchtmethoden zur Herausbildung des eigentlichen Wüstentyps des Arabischen Pferdes. Aus dem edlen orientalischen Pferd wurde hier als Folge härtester Selektion der Arabische Vollblüter; damit entstand zugleich eine der ältesten Rassen der Erde.

Über Spanien und Südfrankreich gelangten schon im 9. Jh. Araberpferde nach West- und Mitteleuropa, während im 11. Jh. züchterische Kontakte mit Südost- und Osteuropa (Rußland, Polen, Ungarn) begannen. In Ägypten, Nordwestafrika, Spanien u. a. m. kam es zur Bildung neuer, mehr oder weniger stark arabisierter Pferdeschläge, die die dort vorhandenen sehr alten Hauspferderassen als Grundlage hatten. Das Berberpferd (Abb. 41) gehört zu den wichtigsten von ihnen, weiterhin der altspanische Andalusier und über diesen später der Neapolitaner, der Frederiksborger sowie das mittelalterliche Ritterpferd. Auch das Kladruber Pferd und der Lippizaner wurden vom Andalusier beeinflußt.

Im Lauf der fünfhundertjährigen Herrschaft der Araber hat das Araberpferd bleibenden Einfluß auch in den Pferdezuchten des Irans, Indiens, Turkestans und weiterer Zuchten in Mittelasien hinterlassen. In Indien, im Iran, in Spanien, in Südrußland, in Ungarn und Polen und Gebieten des Khalifats, wie es vom 7. bis 9. Jh. bestand, erfolgten bis ins 20. Jh. hinein, z. T. auch noch heute, ständige Blutzufuhren, so daß sich dort arabische Halbblutzuchten herausbildeten, die durch oft in diesen Ländern aufgebaute arabische Reinzuchten sowie durch Importe aus Arabien auf dem entsprechenden züchterischen Niveau gehalten wurden.

Interessant ist in diesem Zusammenhang, daß das über ganz Mittel- und Südasien verbreitete Polospiel im Khalifat auch mit Araberpferden betrieben wurde. Dieses Spiel ist wahrscheinlich seit dem 7. Jh. v. u. Z. im Iran beheimatet und durch die Perser aus dem Changang genannten Spiel entwickelt worden. Der Khalif Jassid I. (680 bis 683) führte es in der damaligen Hauptstadt des arabischen Weltreichs, Damaskus, ein, der Khalif Harun-al-Raschid (766 bis 809) später in Bagdad.

Dieses vielleicht typischste, zugleich auch gefährlichste reiterliche Kampfspiel faßte auch im arabischen Ägypten festen Fuß: Achmed-Ibn-Tulun (868 bis 883) ließ in der Nähe von Fustat (heutiges Alt-Kairo) das erste Polospielfeld errichten. Trotz der so oft sehr schweren Unfälle, denen auch eine Anzahl regierender Herrscher zum Opfer fielen, blieb dieses Spiel noch mehrere Jahrhunderte als Mittel der Erziehung, der reiterlichen Schulung und der Repräsentation an den Fürstenhöfen bestehen, besonders lange in Persien (Isfahan); die bedeutenden arabischen Schriftsteller und Geschichtsschreiber, auch Maler, hielten dazu besonders zwischen dem 10. und 16. Jh. viele Details fest. Seit dem 17. Jh. kommen noch Informationen europäischer Diplomaten und Reisender hinzu, die jedoch im 18. Jh. aufhören. In den Berichten über das persische Pferd wird das Polospiel seit dem 19. Jh. nicht mehr erwähnt.

Berühmte Werke arabischer Schriftsteller und Gelehrter über Anatomie, Physiologie, Verhaltensweisen und Haltung des Pferdes sowie über das Reiten stammen schon aus der frühen islamischen Periode und finden sich bis zum 16. Jh.; von 785 bis zum 15. Jh. erschienen 86 Bücher über Pferdezucht und -haltung in arabischer Sprache (Hammer-Purgstall). Aus ihren Erkenntnissen schöpfte auch die europäische Fachliteratur für Pferdezucht, -haltung und -sport sowie für Veterinärmedizin bis ins 20. Jh. hinein.

Doch die kulturellen und wissenschaftlichen Leistungen allein konnten dem arabischen Imperium keinen langen Bestand sichern. Das Weltreich zerfiel schon zu Ende des 10. Jh. in viele Teilstaaten, die zum Teil schnell zur Bedeutungslosigkeit herabsanken. Die Kreuzritter besetzten im 10./11. Jh. Syrien und Palästina (Eroberung Jerusalems 1099). Innere Kämpfe folgten und in vielen Gebieten herrschten Willkürherrschaft und Unterdrückung.

Im 15. Jh. schafften die Türken auf den Trümmern des alten Khalifats das osmanische Reich, das bis zum Ende des 1. Weltkriegs Bestand hatte und sich als eines der stärksten und dauerhaftesten Reiche in der Geschichte des Islams erwies. Doch war dieses Reich ein despotischer Staat, dessen Herrscher und Statthalter die Religion des Islams lediglich als Vorwand für die grausame Unterdrückung und Ausbeutung auch der Völker der Arabischen Halbinsel benutzten. Im Gegensatz zum arabischen Khalifat, in dem Kunst und Wissenschaft blühten, war das osmanische Reich für seine dumpfen Gefängnisse bekannt. Während seiner Existenz zerfiel „eine der schönsten und reichsten Kulturen der Menschheitsgeschichte und die Paläste und Türme der Sumerer, Assyrer und Babylonier gerieten in Vergessenheit. Die über 400 Jahre Türkenherrschaft müssen in Betracht gezogen werden, wenn man verstehen will, warum die jungen arabischen Nationalstaaten ihren Aufbau auf einem so niedrigen Entwicklungsniveau beginnen mußten" (Nehrlich). Die europäischen Kolonialmächte und die USA nutzten die Schwächen der arabischen Staaten zunehmend, um sie rücksichtslos auszuplündern. Sie lösten seit Beginn des 20. Jh. den Kampf der unterdrückten Völker um nationale Unabhängigkeit aus, der heute mit tiefgreifenden sozialen Veränderungen einhergeht, aber noch lange nicht abgeschlossen sein wird.

Mit dem weitgehenden Verfall der arabisch-islamischen Kultur und Wissenschaft vom 16. Jh. an verschwindet auch ihre dominierende Rolle. Erst Anfang des 19. Jh. finden wir im Zuge der kulturellen arabischen Renaissance auch wieder bedeutende schriftliche Zeugnisse zu Fragen der Zucht des Arabischen Pferdes.

Marco Polo (1254 bis 1324) bestätigte noch für das 13./14. Jh., daß im jeminitischen Hafen Aden Pferde eingeschifft werden, die für alle indischen Länder bestimmt sind, „ein Geschäft, an dem die Kaufleute sehr viel verdienen". Zur gleichen Zeit gingen zahlreiche Pferde auch von Khalhat (inzwischen zerstört) nach dem Hafen Maskat (Golf von Oman), um von dort nach Indien verladen zu werden im Austausch gegen „Waren und Spezereien". Nach den Angaben des venezianischen Kaufmannes und Weltreisenden stellte der Sultan des Jemen dem „Sultan von Kairo, als er im Jahre 1200 die Stadt Acre angriff und eroberte, 30000 Pferde und 40000 Kamele, und zwar aus Haß gegen die Christen". Aus der gleichen Quelle stammt der Hinweis, daß im Süden der arabischen Halbinsel im Gebiet von Hadramaut die Pferde mit getrocknetem Fisch (Thunfisch) gefüttert werden.

Aus den Berichten des Orientreisenden Burkhardt (1784 bis 1817) geht hervor, daß es erhebliche qualitative Unterschiede unter den auf der Arabischen Halbinsel gezüchteten Pferden gegeben hat. Zu dieser Frage äußert er sich folgendermaßen: „Die schönste Race von ächt arabischen Blut trifft man in Syrien, und hier wieder in dem Haura (Gebiet südwestlich von Damaskus, d. V.), wo man die ausgezeichnetsten Pferde aus erster Hand in den Lagern der Araber kauft, die im Frühling diese Ebenen durchziehen. Die Pferde, die für den indischen Markt nach Bosra (heutiges Basra/Südirak, d. V.) geführt werden, sind erst aus zweiter Hand von arabischen Pferdehändlern gekauft. Der Beduine versteht sich nicht leicht dazu, ein gutes Pferd auf einen entfernten Markt zu schicken, ohne daß er die Gewißheit hat, es zu verkaufen. Die besten Racen (im Sinne von besten Einzeltieren gemeint, d. V.) finden daher selten ihren Weg nach Bosra; im allgemeinen kann man behaupten, daß nur dem Pferde vom ersten Range zu Gebote stehen, der sich die Mühe nimmt, sie aus der ersten Hand aufzukaufen. Der Punkt, von wo aus dies am leichtesten geschehen kann, ist Damaskus. Ich bin der Meinung, daß bisher selbst nach England nur wenige ächte Araber von guter Race und noch viel weniger von der besten gekommen sind, und daß man statt derselben meist Berbern, Egyptier oder auch schlechte Syrier eingeführt hat . . ."

Burkhardt erwähnt die Verhältnisse in Innerarabien nur insoweit, daß er feststellt, im Nedschd seien die Pferde schon bei weitem nicht so häufig als bei den Stämmen, welche die im Vergleich zu Innerarabien fruchtbaren Ebenen des Zweistromlandes, die Ufer des Euphrat und das Gebiet Syriens bewohnen. Die Pferde werden „um so seltener, je weiter wir nach Süden gehen. Im Hedschas, besonders in den gebirgigen Theilen dieser Landschaft und von da gegen Yemen, sind nur wenige Pferde zu sehen und diese wenigen werden aus dem Norden eingeführt."

Besonders bei dem Volksstamm der Wahhabi (Wahhabiya = eine religiöse Bewegung, die gegen die Verfälschung der reinen von Mohammed gelehrten islamitischen Religion auftrat und ein extrem puritanisches Leben forderte – Alkohol- und Tabakverbot usw.). Ihr Begründer Mohammed ibn Abdalwahhab (1703 bis 1793), war im Besitz einer großen Anzahl wertvollster und edelster Vollblutaraber in auch hinsichtlich des Grünlandes und sonstiger Fütterungsverhältnisse in erstklassigem Zustand befindlichen Gestüten in verschiedenen Oasen des Nedschd-Hochlandes. Die Ausbreitung der Wahhabitenbewegung über ganz Arabien unter Sa'ud 1803 bis 1814 führte zu kriegerischen Auseinandersetzungen mit der Türkei und den von ihr abhängigen Staaten des Vorderen Orients, vor allem mit Ägypten. Dort war Mohammed Ali, 1769 in der mazedonischen Hafenstadt Cavalla geboren, als albanischer Offizier und später Kapitän in der türkischen Flotte, 1805–1848 Pascha (= Vizekönig). Er hatte sich nach Beseitigung der Mameluckenherrschaft (1811 ließ er 479 Mameluckenwürdenträger anläßlich eines Festbanketts in der Zitadelle von Kairo umbringen) zum Alleinherrscher Ägyptens gemacht. Arabien war damals türkische Provinz. Mohammed Ali begann auf Geheiß des osmanischen Sultans Machmud II. (regierte 1808 bis 1839) den Kampf mit den unter Sa'ud gegen die Türkenherrschaft aufständischen Wahhabiten. 1812 eroberten die Ägypter unter Toussson Pascha (Sohn Mohammed Ali's) das Hedschas mit Medina und Mekka und kamen im Zuge dieser Kampfhandlungen bereits in den Besitz wertvollen arabischen Zuchtmaterials. Entscheidend jedoch war das Jahr 1813. Es kam damals zu einem Waffenstillstand mit den Wahhabiten unter dem Sohn Sa'ud's, Abdullah ibn Sa'ud, um den Preis von 200 der edelsten Arabischen Vollblutpferde aus den Nedschd-Gestüten der Wahhabiten. Diese Pferde gingen nach Ägypten und bildeten den Grundstock der dortigen Arabischen Vollblutzucht, die dadurch zur Regierungszeit Mohammed Ali's auch für Europa große Bedeutung erreichte (Geschenke, Käufe usw.).

Bei einem erneuten Feldzug gegen die Araber fiel 1818 den Ägyptern mit der letzten Wahhabitenfeste Da'iya im Nedschd das größte Gestüt der Wahhabiten in die Hände. Die edelsten aller arabischen Pferde hatten hier ihre Zuchtstätte und wurden von erfahrenen Betreuern auf besten Wiesen und Weiden nach uralter arabischer Züchtertradition gehalten und gezüchtet. Sie galten als nationales Heiligtum. Mohammed Ali hatte den Auftrag erteilt, diese Pferde samt ihren Betreuern nach Ägypten als Beute zu überführen. Infolge plötzlicher Hitze und Dürre, Seuchen und Krankheiten, die den Transport der Tausende Menschen und Pferde auf dem 2000 km langen Weg in nie gekanntem Ausmaße überfielen, gelangten nur einige der ägyptischen Soldaten, jedoch keines der Pferde und ihrer arabischen Betreuer lebend an die Küste des Roten Meeres. Sie gingen sämtlich zugrunde (Gouin). Abdullah ibn Sa'ud wurde nach Konstantinopel gebracht und dort hingerichtet. Das bedeutete die fast völlige Auslöschung der Arabischen Vollblutzucht in Arabien, die sich bis heute nicht wieder von diesem Schlag erholen konnte. Die der Welt zugängliche original-arabische Pferdezucht befand sich seit dieser Zeit in Ägypten (Raswan) und einigen Randgebieten der Arabischen Halbinsel.

Für den Import nach Europa und Nordamerika aus dem Nedschd wurden große Mittel und Mühen in vielen Ländern aufgewandt. Noch Burkhardt berichtet u. a. darüber, daß die besten Pferde, von denen sich zu seiner Zeit nur je 5 bis 6 Tiere bei den ihm bekannten Stämmen befanden, sehr selten und unverkäuflich wären; im Grenzgebiet der arabischen Wüste gegen Syrien wären es nur etwa 200. „Von den lezteren möchte vielleicht noch nie auch nur ein einziges nach Europa gekommen sein".

Allerdings muß bedacht werden, daß nur etwa 60 % der aus dem Orient importierten arabischen Vollblutaraber im heutigen Sinne waren, also original Abstammung von Nedschd-Arabern („Wüstenarabern") hatten bzw. – später – als Originalaraber in Gestütbücher eingetragen bzw. als solche anerkannt waren. Andere „Araber" waren Orientalen, z. B. türkischer, persischer oder syrischer Herkunft oder in Einzelfällen auch Berber (Nordafrika).

Ab Anfang des 19. Jh. wurden zur Entwicklung der europäischen Araberzucht umfangreiche Einfuhren von Araberpferden durchgeführt, nachdem auch die Reiseverhältnisse in Vorderasien sicherer geworden waren. Trotzdem berichtet Pückler, der sich von 1835 bis 1840 in Nordafrika, Ägypten und Vorderasien aufhielt, daß es unmöglich sei, in Syrien Pferde von „wirklich edlem Stamm zu bekommen, wenn man sie nicht in der Wüste selbst bei den Beduinen aufsucht, was aber mit so viel Entbehrungen und Gefahren verbunden ist, weil man stets in Gefahr lebt, ausgeplündert zu werden ....". Er kaufte übrigens z. B. den berühmten „Zarif" als Jährling, der später u. a. als Hauptbeschäler in den Gestüten Weil und Trakehnen stand und bis zu seinem 26. Lebensjahr zur Zucht benutzt werden konnte. Zu den besonderen Erwerbungen von Fechtig gehören der ehemals im Mamelukenbesitz (Gestüt Murad Bey's in Gizeh) befindliche, durch Muhamed Ali's Leibwache beim Mamelukenaufstand erbeutete und im März 1811 in Kairo versteigerte „Tajar" (= der

Fliegende) und bei einer späteren Reise 1817 „Bairactar", der durch seine Nachkommen „Amurath-1829" und „Amurath-1881" einen durchschlagenden Einfluß auf Gestüte und Landespferdezuchten in ganz Europa nahm. Auch der von durch Fechtig 1814 gekaufte Hengst „Gidran" war von großer Bedeutung. 1819 brachte Rzewusky 137 Originalaraber nach Europa, die vor allem in Weil sowie in polnischen und russischen Gestüten, aber auch – einzeln – in der Türkei von zum Teil fundamentaler Wirkung waren. v. Hügel besuchte 1852 und 1860 Ägypten und kaufte u. a. die später so berühmte Stute „Koheil Adjus" aus dem Gestütsbestand von Abbas Pascha für Weil. Herbert erwarb in Syrien den Hengst „Shagya", der ebenfalls von bleibender Bedeutung wurde. Die oesterreichische Pferdeankaufskommission unter v. Brudermann erwarb 1856/57 in „Syrien, Palästina und der Wüste" (Löffler) 16 Hengste und 48 Stuten, darunter den einflußreichen „Agil Aga", der in Bábolna und Sławuta gewirkt hat. Fadlallah (als Knabe mit arabischen Pferden nach Ungarn gekommen, später Leiter des Gestüts Bábolna) kaufte 1885 in Syrien den bedeutenden „O'Bajan".

Diese Aufzählung läßt sich für das 19. Jh. weiterführen; auch im 20. Jh., vor allem in den letzten Jahrzehnten, wurden umfangreiche Importe, vor allem in die USA durchgeführt, wobei vorwiegend Ägypten und Bahrein als Exportländer auftreten.

Folgende Persönlichkeiten haben im 19. Jh. das Zuchtgebiet des Arabischen Pferdes in Vorderasien und Ägypten besucht, um dort Pferde zu kaufen, und damit wesentlich zum Aufbau und zur Förderung der Zucht außerhalb der Arabischen Halbinsel beigetragen:

Name	Jahr etwa	Exportgebiet vorwiegend	Importziel (Gestüt) vorwiegend
Obodynski	1802	Türkei, Nordsyrien	Antoniny
Burski	1803/5	Türkei, Syrien	Sławuta
Fechtig	1811/17 1832/33	Syrien, Jordanien	Weil, Bábolna
Moszynski	1861/1881	Wüsten Hama, Swira, Babak u. a.	Sławuta
Rzewuski	1817/19	Palmyrawüste, Syrien, Irak, Nordarabien	Weil, verschiedene Gestüte in Polen, Rußland
Arutin	1821/26	Türkei, Syrien, Nordarabien	Sławuta
Gliocho	1833/1842	Syrien	Weil, Sławuta
Herbert	1836	Innerarabien	Bábolna
Dambly	1840	Syrien, Nordarabien	Weil
Pückler	1835/40	Ägypten, Syrien, Syrische Wüste	Weil
v. Taubenheim	1841	Syrien, Nordarabien	Weil
Sanguszko	1844	Syrien	Sławuta
Dzieduszycki	1845	Türkei, Nordsyrien	Sławuta
Richards	1851/56	Syrien, Nordarabien	Georgetown
Gottschlig	1852	Syrien	Bábolna

Name	Jahr etwa	Exportgebiet vorwiegend	Importziel (Gestüt) vorwiegend
v. Brudermann und Löffler	1856/57	Syrien, Nordarabien	Lipizza, Bábolna, Sławuta
v. Hügel	1852/60	Ägypten, Nordwestarabien	Weil
Swierczynski und Czerniawski	1857	Syrien	Sławuta
Fadlallah El Hedad	1885/1901	Syrien, Palmyrawüste, Irak, Nordarabien	Bábolna

Neben C. Niebuhr, W. G. Palgrave, J. R. Wellstedt, J. L. Burkhardt, E. Sachau, und J. Germanus, die ihre Reisen durch Innerarabien im 18., 19. und 20. Jh. mit wissenschaftlicher Gründlichkeit beschrieben, haben auch die vorgenannten Fachleute fast alle ihre Erlebnisse und Tätigkeit während ihrer Kaufexpeditionen niedergeschrieben. Ihre Mitteilungen bilden die Grundlage unserer Kenntnis von der Arabischen Vollblutzucht im Hochzuchtgebiet zu jener Zeit.

Anfang des 20. Jh. waren neben S. Borden (1905/1910), H. Davenport (1906) und W. R. Brown (1918/1923 und 1932), die für die USA importierten, B. Ziętarski/Polen und C. R. Raswan/USA als besonders erfolgreiche Käufer tätig. Ziętarski erwarb 1930/1931 aus der Syrischen und Schamije-Wüste, aus Nordarabien usw. für Gumniska/Polen und Bábolna/Ungarn wertvollste Zuchttiere, die der gesamten Araberzucht einen entscheidenden Einfluß brachten.

Raswan (1893 bis 1966), gebürtiger Dresdner (eigentl.: Carl Reinhardt Schmidt, der den Namen Abd-Al-Aziz Ibn Raswan Ar-Ruala vom Stamm der Rualabeduinen erhielt und damit Stammesangehöriger wurde), trat als Vermittler und Käufer zahlreicher vorzüglicher Zuchttiere auf, die vor allem nach Ungarn, Deutschland und Polen sowie in die USA und nach Mexiko gingen. Als 19jähriger kam er nach Ägypten und blieb mit kleinen Unterbrechungen 34 Jahre im Vorderen Orient bzw. war während dieser Zeit Gast in zahlreichen europäischen Gestüten. Von 1921 bis 1935 und 1939 lebte er als Beduine (s. o.) bei nomadisierenden Araberstämmen auf der Arabischen Halbinsel; „Rasse und Religion brauchte ich niemals unter den Arabern verleugnen". Zwischenzeitlich war er kurz wieder in Deutschland, das er aber nach schweren Folterungen durch die Gestapo (1934) endgültig verließ. Nach 1945 lebte er in Mexiko und in den USA. Als Autor zahlreicher hippologischer, ethnologischer und geographischer Berichte (Bücher, Zeitschriften usw.) hat er durch seinen jahrzehntelangen Aufenthalt in Arabien zur speziellen Kenntnis über das Araberpferd sowie über die wirtschaftlichen, politischen und besonders auch über die sozialen Verhältnisse bei den nomadisierenden Stämmen Innerarabiens ganz entscheidend beigetragen.

Über den derzeitigen Stand der Arabischen Vollblutzucht im innerarabischen Zuchtgebiet können keine bindenden Aussagen gemacht werden. Nach Raswan sind zwischen 1930 und 1940 dort höchstens noch 1000 Arabische Vollblutpferde vorhanden gewesen, allerdings von bester Qualität, während Palgrave Mitte des 19. Jh. noch 5000 Tiere angab. Durch die laufende Seßhaftwerdung der ehemals – noch um

1940 – fast ausnahmslos nomadisierenden Beduinenstämme in den Siedlungen der Randgebiete Zentralarabiens ist bei diesen die Pferdehaltung stark zurückgegangen.

Nach 1920 bis um 1935 mit modernsten Feuerwaffen ausgetragene Stammesfehden brachten schwere Verluste an wertvollen Zuchtstuten. Zum Beispiel wurden im März 1929 bei einem Kampf zwischen Rualabeduinen und den Saba-Anaza's über 200 Stuten erschossen; im Oktober 1927 verloren die Fid-'an-Anaza-Beduinen an einem Tage etwa 135 Zuchtstuten. Während der konterrevolutionären Erhebung der Schammarbeduinen im Dezember 1958 gegen die Regierung Kassem im Irak wurden nahezu sämtliche Pferde dieses Stammes auf der Flucht nach Syrien getötet (Stein).

Das trifft weniger zu für die Stämme, die sich fest im innerarabischen Oasengebiet des Nedschd aufhalten. 1970 wanderten noch immer allein in Saudi-Arabien rund 1 Mill. Menschen; ihre Pferdehaltung ist jedoch infolge der Mechanisierung des Militär- und Transportwesens fast völlig erloschen. Bei Kriegszügen und bewaffneten Überfällen („ghazu") hat das Pferd seine Bedeutung ebenfalls verloren. Die Arabische Vollblutzucht besteht heute im Sinne einer Landespferdezucht in Saudi-Arabien nicht mehr (Raswan, v. Szandtner, Schiele). Dort sind noch knapp 4000 Pferde vorhanden, von denen höchstens 700 bei den nomadisierenden Stämmen gehalten werden. 1000 bis 1500 Pferde sind im Besitz reicher arabischer Würdenträger und in den Gestüten der Oasengebiete zu finden. Nur rund 700 Pferde sind „echte" Arabische Vollblüter. Die wertvollsten Pferde sind in königlichem bzw. staatlichem Besitz, davon 30 Stuten im Gestüt von Taif, 75 Stuten in Diarab. Zunehmend werden ihrer höheren Rennleistungen wegen arabisierte Pferde aus anderen Ländern importiert, vor allem sind es irakische Rennaraber. Damit besteht die Gefahr, daß in Saudi-Arabien ein weiterer schneller Niedergang der Arabischen Vollblutzucht eintritt. Um so bedeutender sind die Bemühungen sehr vieler Länder um die Erhaltung dieser Zucht, u. a. der arabischen Staaten in den Randgebieten der Arabischen Halbinsel einschließlich Ägyptens.

Von diesen Ländern hat u. a. das Sultanat Bahrein einen wertvollen Bestand, der schon Anfang des 19. Jh. große Berühmtheit erlangte. Die 300 Stuten führen ihre Herkunft fast ausnahmslos auf Stuten aus Innerarabien zurück. Sie bilden zur Zeit die größte Sammlung edelster Arabischer Vollblüter auf der Erde, die unter besonders harten klimatischen, aber zugleich günstigen Fütterungs- und sonstigen Haltungsbedingungen besteht (Al Khalifa, Schiele) (Abb. 33).

Die Arabische Republik Ägypten hat über 400 Arabische Vollblutstuten bester Qualität; sie stehen u. a. im Staatsgestüt El Zahraa/Ein Shams (120 Mutterstuten) östlich Kairo sowie in den Privatgestüten Hamdan-Stables, Badia-Farms und El Barbary-Farms. Für die Landespferdezucht werden vor allem aus El Zahraa Arabische Vollbluthengste bereitgestellt. Sie werden an das benachbarte, 12 km von Kairo entfernte Landgestüt Bathim abgegeben, das diese Hengste einsetzt.

Im Gegensatz zu den Verhältnissen in Innerarabien war Ägypten bereits in geschichtlicher Zeit von seßhaften Stämmen bewohnt (s. o.); Pferdezucht und die Nutzung des Pferdes lagen dabei von jeher in den Händen der herrschenden Oberschicht. Infolge seiner engen geographischen Verbindung zur Arabischen Halbinsel war und ist Ägypten auch besonders mit der dortigen Pferdezucht bekannt. Wie berichtet, bestehen entwicklungsgeschichtlich nahe Beziehungen in pferdezüchterischer Hinsicht, wobei deutlich ist, daß sich die ägyptische Zucht weit vor der Innerarabiens entwickelt hat. Schon Teile des Pferdebestandes im alten Ägypten zur Zeit des „Neuen Reiches" (1610 bis 715 v. u. Z.) standen dem Typ des Arabers, wie wir ihn heute kennen, offensichtlich nahe.

Eine feste Verbindung (Einfuhr) vom arabischen Zuchtgebiet nach Ägypten begann wahrscheinlich erst zur Zeit der Mamelucken (13./Anf. 16. Jh.), die den innerarabischen Araber zur Züchtung von Reitpferden aus der ägyptischen Landespferdezucht benutzten. Die Reinzucht wurde vor allem in den Gestüten der Herrscher Ägyptens betrieben, erstmalig in größerem Umfang unter der Regierung Baibars I. (1250 bis 1277), zunehmend unter En-Nasir (1309 bis 1340) und unter Barquq (1382 bis 1389, 1390 bis 1398). En-Nasir hinterließ bei seinem Tode 7800 edelste arabische Pferde, Barquq besaß 7000 Pferde. Der türkische Sultan Selim I. (1512 bis 1520) eroberte Ägypten und beseitigte die Mameluckenherrschaft. Das jahrhundertelang bestehende Ausfuhrverbot für Pferde wurde aufgehoben. Das Arabische Pferd wurde nun auch zum Statussymbol des türkischen Feudalismus und die Arabische Halbinsel für das Osmanische Reich zu der Lieferquelle für das edle Beduinenpferd. Grundherrschaft und politische Macht der Mamelucken blieben jedoch bestehen. Nach 250jähriger Oberherrschaft der Osmanen vertrieb eine Gruppe Mamelucken unter Aly Bey den türkischen Vizekönig und erklärte 1768 die Unabhängigkeit Ägyptens, zudem eroberte sie einen Teil Arabiens. In der „Schlacht bei den Pyramiden" besiegten die Soldaten Napoleons I. (1769–1821) die schlecht ausgerüsteten Mamelucken. 1798 wurde Ägypten französische Provinz. Im gleichen Jahr besiegten wiederum die Engländer in der Seeschlacht von Abou Kir das französische Mittelmeergeschwader (Nelson) und die Franzosen räumten 1801 endgültig Ägypten, das wieder an das Osmanische Reich fiel.

Mit der Okkupation des Balkans durch die Türken im 16. und 17. Jh. gelangte das Araberpferd erneut – dieses Mal von Südosten – nach Europa und wurde als „türkisches Pferd" berühmt; die Ungarn nannten das Arabische Pferd „Saracener". Durch die sich aus der osmanischen Bedrohung ergebende Umstellung der westeuropäischen Streitkräfte von der „von der Ritterschaft gebildeten schweren regulären Kavallerie" (Engels) auf schnell bewegliche, leichte Reiterei ergab sich zugleich auch nach diesen Pferden, also nach arabischen Pferden, eine große Nachfrage.

In Ägypten entwickelte sich nach und nach, gefördert durch die örtlichen Umweltverhältnisse und den Einfluß zunächst vor allem südlicher (oberägyptisches, Dongola und nubisches Pferd) Rassen ein eigenständiger Typ des Arabischen Pferdes; durch den stärkeren Einfluß der seit Anfang des 19. Jh. in Ägypten konzentrierten „Vollblutaraberzucht", der sich vor allem als unmittelbare Folge der erwähnten Wahhabitenkriege ergab (s. o.), wurde eine noch weitgehendere Arabisierung der ägyptischen Landespferdezucht erreicht, die bis heute anhält. Zugleich wurde eine breite Basis für die Reinzucht des Arabischen Vollblutpferdes seit Mohammed Ali (1805 bis 1848, seit 1841 erblicher Herrscher [Vizekönig] von Ägypten) in den Gestüten der ägyptischen Vizekönige und anderer hoher Würdenträger geschaffen; 1820 waren in der Umgebung von Kairo mehrere Gestüte mit etwa 1500 Vollblutaraberstuten vorhanden. Um 1818 vereinigte Mohammed Ali 1100 der wertvollsten arabischen Pferde in seinen Prunkstallungen (Gestüt Manial auf der Roda-Insel bei Kairo u. a.). Aus aller Welt kamen Pferdezüchter und -liebhaber, um diese einmalige Sammlung edelster Pferde zu besichtigen (vgl. Abb. 22).

In seinen letzten Lebensjahren ließ Mohammed Ali das wertvolle Pferdematerial nach und nach völlig verwahrlosen. Sein Enkel Abbas I. (1813–1854), 1848 bis 1854 Pascha von Ägypten, versuchte seit etwa 1836 den Bestand durch Kauf zu übernehmen und baute 18 km von Kairo entfernt an der Straße nach Suez große Gestütsanlagen. Zu seiner Zeit erreichte das Arabische Pferd den Gipfel des Ruhmes und Weltruf als schönstes und vollkommenstes Geschöpf. Eine regelrechte Pilgerfahrt nach Ägypten setzte ein. Zahlreiche Gemälde und Darstellungen europäischer Künstler stammen aus jener Zeit und geben noch heute einen Einblick in das damals vorhandene Zuchtmaterial.

Nach dem Tode Abbas Paschas I. übernahm dessen Sohn Al-Hami-Pascha die Gestüte mit 90 Hengsten, 210 Stuten und 180 Fohlen, hatte aber an diesen wenig Interesse. 1861 starb Al-Hami. Durch eine noch im selben Jahr durchgeführte Auktion kamen die meisten Pferde in die arabischen Zuchtstätten Europas, besonders Deutschlands (Weil, Königsfeld, Zscheiplitz) aber auch nach den USA.

Bei einer weiteren Auktion erwarb Ali Pascha Sherif, Präsident des Legislativrates unter dem Khediven Mohammed Tewfik (1879 bis 1892), von Ägypten 30 der besten Vollblutaraber. Er besaß später fast 400 Tiere und gilt als der beste Kenner des Arabischen Pferdes in der 2. Hälfte des 19. Jh. und als derjenige, der den klassischen Typ des Vollblutarabers durch züchterische Maßnahmen besonders gut geprägt hat.

Das züchterische Erbe Abbas Pascha I. und Ali Pascha Sherif wurde Anfang des 20. Jh. von Anne Blunt (Ein Shams und Sheykh Obeid), dem Khediven Abbas II. (1892 bis 1914) (Koubah) und Prinz Mohammed Ali (Manial) angetreten. Die Tochter von Anne und Wilfried Blunt, Lady Wentworth, baute das Blunt'sche Gestüt in Crabbet Park/Sussex, Großbritannien (gegr. 1878), zu einem der bedeutendsten Zuchtbetriebe für Arabische Vollblutzucht mit dem Material aus Ein Shams/Sheykh Obeid aus. Von dort aus wurde u. a. die Arabische Vollblutzucht in der UdSSR (Tersk), in den USA (Pomona usw.) und in den anderen Staaten ganz entscheidend beeinflußt. Durch Homer Davenport kamen 1906 weitere Vollblutaraber aus Innerarabien und aus dessen Randgebieten in diese Zuchtstätte, nach Ägypten und auch nach den USA.

Um 1915 hat daneben die 1908 gegründete ägyptische Landwirtschaftsgesellschaft arabische Vollblutgestüte eingerichtet, die ihren Zuchtbestand aus den vorgenannten Betrieben aufbauten. Das Zuchtmaterial steht seit 1930 im damaligen Gestüt Kafr Farouk – jetzt El Zahraa – und in Ein Shams. Hier sind beste Möglichkeiten für die Erhaltung der Originalaraber infolge der unmittelbaren Lage im Randgebiet der Arabischen Wüste, und der Möglichkeit zur Beschaffung von hochwertiger Luzerne und von Grünmais aus dem Nildelta ohne allzu große Schwierigkeiten. Die Klimaverhältnisse entsprechen denen der nordafrikanischen Trockengebiete und sind in Tabelle 4 charakterisiert. Durch vorzügliche züchterische Leitung unter besonderer Berücksichtigung der Konzentration bestimmter Blutströme ist es gelungen, auf hervorragender züchterischer Tradition so aufzubauen, daß heute diese einzigartige Sammlung Arabischer Vollblüter auf der Erde an Typtreue und an Schönheit kaum einen Wunsch mehr offen läßt. Ägypten versorgt die führenden Gestüte der Erde mit Vollblutarabern bester Qualität. Es verfügt über eine größere Anzahl typtreuer Tiere, die mehr oder weniger den Kuhaylan- oder Saqlawi-Typ (siehe S. 60 ff.) vertreten. In Heliopolis und weiteren Rennbahnen im Randgebiet von Kairo werden Rennen abgehalten, für die ständig 800 bis 1000 Vollblutaraber im Training gehalten werden. Die Arabischen Zuchtpferde sind sämtlich zuchtbuchmäßig erfaßt. In Ägypten wird die Namensgebung heute willkürlich vorgenommen, so daß aus den Anfangsbuchstaben eines Pferdenamens nicht auf den Vor- und Nachfahren geschlossen werden kann.

Die Forderung der Ägyptischen Araberzüchter schließt sich der des Hochzuchtgebietes vollkommen an. Sie enthält folgende Grundsätze:

1. Das Zuchtmaterial muß rein und edel gezogen sein;
2. das arabische Vollblutpferd muß typisch aus dem Exterieur (Kopf) erkennbar sein;
3. an physiologischen Merkmalen müssen harte Konstitution, schnelle Erholungsfähigkeit, hohe Fruchtbarkeit und Aufzuchtleistung, Energie bei ausgeglichenem Temperament vorhanden sein.

Bei Erfüllung dieser drei Forderungen werden kleine Mängel im Exterieur in Kauf genommen, da man der Meinung ist, daß diese zum Teil erworben bzw. nicht leistungsmindernd sind (Abb. 48, 50, 59).

2. Zuchtprobleme

Mindestens seit der islamischen Zeit ist die arabische Pferdezucht speziell im Hochland des Nedschd vorwiegend eine Reinzucht („asil") gewesen. Darauf ist auch die Einordnung des arabischen Pferdes in die Gruppe der „Vollblutrassen" zurückzuführen. Es muß aber berücksichtigt werden, daß Einflüsse anderer Pferderassen aus Mittelasien und dem Vorderen Orient vorhanden sind. Das trifft besonders für die Randgebiete Innerarabiens zu. Zum besseren Verständnis dieser Problematik wurde deshalb diesem Abschnitt ein umfangreiches historisches Kapitel „Zuchtgeschichte" vorangestellt.

Die vielfältigen Wechselbeziehungen zwischen dem Vollblutaraber und anderen orientalischen Rassen sowie ihren Ausgangsformen werden deutlich sichtbar, wenn man nicht nur die Erkenntnisse älterer Publikationen (z. B. Wrangel) zur Klärung dieser Frage heranzieht, sondern auch die Stellungnahmen moderner Autoren (z. B. Koubek) beachtet. Übereinstimmend stellen sie die Gruppe orientalischer Pferderassen wie folgt zusammen:

Iranische Ausgangsgruppe,
Achal-Tekiner Pferd (Abb. 9),
Turkmenisches Pferd,
Karabachisches Pferd,
Tadshikisches Pferd.

Daraus leitet sich die Gruppe von Pferderassen im arabischen Typ ab:

Vollblutaraber,
Syrisches und irakisches Pferd (Abb. 39),
Türkisches und kurdisches Pferd (Abb. 39),
Nubisches oder Dongola-Pferd einschließlich Berber (Ägypten, Nordafrika),
Abessinisches Pferd,
Togopony (Abb. 37).

Bei der Einordnung des Vollblutarabers in Reitpferde und Vielseitigkeitsrassen kommen z. B. Barminzev und Zwolinski zu ähnlichen Ergebnissen (vgl. Tab. 12, 13 und 14).

Bereits zu Lebzeiten des Propheten gab es Halbblüter auf der arabischen Halbinsel. Die bereits geschilderten historischen Verhältnisse haben weiterhin dazu geführt, daß auch bis heute Einflüsse anderer Pferderassen auf die innerarabische Pferdezucht erfolgt sind. Die erwähnten Wahhabitenkriege Anfang des 19. Jh. wurden seitens der Aggressoren mit berittenen Einheiten geführt, die auf ägyptischen und türkischen Pferden sowie auf Berbern, vorwiegend Hengsten, kämpften, so daß eben auch im innerarabischen Hochland solche unerwünschten Einflüsse sehr wahrscheinlich sind. Im großen und ganzen gesehen sind sie jedoch dort im Gegensatz zu den Randgebieten, vorwiegend des Nordens, gering geblieben. Darauf haben eine Reihe von Autoren schon vor 100 Jahren hingewiesen, so Anne Blunt (1878/1879). Nach Schiele fand aber Fadlallah el Hedad 1901 auch bei den Schammarbeduinen unter 400 vorgestellten Araberpferden nur 52 „asile“, Raswan 1927/1928 unter 4351 Tieren in den Wüsten Arabiens und den Steppen Syriens bzw. des Irak nur 14 „edle Araber von authentischem, also ganz einwandfreiem Blute“.

Infolge des traditionellen, bei den arabischen Völkern ausgeprägten Blutfanatismus ist es aber sicher, daß die Züchtung ihrer Pferde möglichst ohne Zuführung fremden Blutes erfolgte, also als Reinzucht betrieben wurde. Der algerische Nationalheld und Führer des antikolonialen Befreiungskampfes des algerischen Volkes von 1832 bis 1847, Abd-el-kader (1807 bis 1883), zugleich ein hervorragender Kenner des arabischen Pferdes und seiner Zucht, unterschied Pferde „edler Rasse“ (= arabischer Vater, arabische Mutter) von denen gemeiner, d. h. „baradinischer Rasse“ und legte die Meinung der arabischen Pferdezüchter dazu dar: „Nach unseren Begriffen ist es unmöglich eine reine Rasse dort wieder zu schaffen, wo einmal das Blut gemischt worden ist, aber eine reine Rasse kann man immer zum alten Adel wieder erheben, wenn sie, sei es durch schlechte Nahrung oder durch übermäßige und der Natur des Pferdes nicht entsprechende Arbeit oder endlich durch Mangel an der erforderlichen Sorgfalt heruntergekommen ist, kurz überall, wo das Degenerieren nicht infolge von Mischung des Blutes bewirkt worden ist . . .“

Unterstützt wurden die Bemühungen um die Reinzucht auch durch die nur geringen Austauschmöglichkeiten von Zuchthengsten und die damit verbundene Verwandtschaftszucht bis in den Anfang des 20. Jh. hinein. Die Verhältnisse in den europäischen und amerikanischen Vollblutaraberzuchten sind in dieser Hinsicht sehr differenziert. In Tabelle 1 werden die zur Zeit bekannten Werte für die Inzuchtkoeffizienten vergleichend betrachtet. Von den Durchschnittsangaben, die auch noch jahresabhängig zu sehen sind, darf jedoch nicht auf die Situation in den einzelnen Zuchtbetrieben geschlossen werden. So ermittelten Radomska und Zycka 1973 für die polnischen Zuchtbetriebe Janów Podlaski und Michałow bei 148 Stuten einen Inzuchtgrad $Fx = 3{,}13\,\%$, bei 21 Hengsten von 2,87 %. Inzuchtfrei waren nur 3 Hengste und 5 Stuten. Der Verwandtschaftsgrad (R) der Hengste mit den Stuten lag bei 8,46 %; jeder Hengst war mit allen Stuten verwandt.

Durch die differenzierten genealogischen Klima- und Ernährungsverhältnisse entstanden unterschiedliche Typen des Pferdes auch auf der Arabischen Halbinsel. Diese Schlußfolgerungen liegen für ein solch großes und vielgestaltiges Territorium auf der

Tabelle 1. Inzuchtkoeffizienten nach Wright beim Arabischen Vollblut, verglichen mit anderen Pferderassen (ermittelt bis einschließlich 5. Generation)

Rasse	Fx (%)	Autor
Arabisches Vollblutpferd		
DDR — Stuten 1973	3,79	
— Hengste 1973	0,79	Scheiber u. Müller (1974)
USA 1947	1,70	Gazder (1954)
Polen — Stuten	1,82	
— Hengste	1,04	Kownacki (1963)
Polen u. Großbritannien		
Jahrgänge 1881 bis 1946	0,80	
davon 82,4 %	0,00	
17,6 %	4,30	Flade (1966)
Englisches Vollblutpferd		
USA 1941	8,40	Lush (1965)
DDR — Stuten 1968	2,57	
Hengste 1968 (6. Gen.)	2,35	Venus (1968)
Sonstige Rassen		
Traber DDR 1968 — Stuten	2,40	
— Hengste	2,86	Went (1968)
Standardbred-Trotter		
USA 1940	4,40	Lush (1965)
Warmblutpferd Trakehner		
Abstammung BRD — Hengste	1,01	Schön (1961)
Hannoveraner Warmblutpferd		
BRD Stuten 1945 bis 1959	1,42	Schön (1961)
Edles Warmblutpferd		
DDR, Hengste 1966 bis 1970	0,59	Flade u. Skrilecz (1971)
American-Saddle-Horse		
USA 1935	3,20	Lush (1965)
Schweres Warmblutpferd		
DDR, Hengste	0,59	Baumgarten (1969)
Norwegisches Fjordpferd		
nach 1956 Polen	1,17	Detkens (1965)
Polnischer Konik		
Polen Stuten	5,41	Kownacki (1963)
Bosnisches Gebirgspferd		
Jugoslawien	1,56—6,25	Telalbasic (1964)

Hand. Allen diesen Typen gemeinsam waren aber die genetischen Anlagen, die das Pferd befähigten, seinen Organismus phänotypisch an die extrem ungünstigen Lebensverhältnisse in den zentralarabischen Steppen- und Wüstengebieten und deren Randzonen anzupassen und dabei noch sehr hohe physiologische Leistungen zu vollbringen. Diese so entstandene Population war demzufolge hinsichtlich bestimmter lebenserhaltender morphologischer und physiologischer Merkmale sehr einheitlich (s. d.).

Man muß sich aber darüber im klaren sein, daß neben der Anpassung an die natürlichen Lebensverhältnisse entscheidend für die Beduinen der Zuchtwert des Arabischen Pferdes durch die erbrachte Leistung bestimmt wurde, so daß man durchaus solange von einer ausgeprägten Leistungszucht (z. B. Ausdauer, Schnelligkeit, Wendigkeit, schnelle Regenerationsfähigkeit, aber auch Fruchtbarkeit) sprechen kann, wie die Kriegsstute für den nomadisierenden Araber noch von großer Bedeutung war, also höchstens bis in die 20er Jahre unseres Jahrhunderts. Unter diesen Umständen bildete sich in Zentralarabien, besonders im Nedschd, der eigentliche Typ des Arabischen Vollblutpferdes schon sehr frühzeitig heraus und blieb über Jahrhunderte, wenn nicht sogar über Jahrtausende, weitgehend stabil. Das wird seit dem 18. Jahrhundert auch schriftlich durch Forscher und Reisende bestätigt, die sich in diesem Gebiet aufhielten (vgl. Abb. 8).

Nach Europa sind Pferde von dort her so gut wie nicht gekommen. Außer im Verlauf der Wahhabitenkriege Anfang des 19. Jh. hat eine direkte „Ausfuhr" selbst nach Ägypten nur sehr selten stattgefunden.

Pückler schreibt Mitte des 19. Jh. nach einem Besuch der Gestüte von Abbas Pascha I. in Kairo, bei dem er 2 Hengste aus dem Nedschd sah, u. a.: „Hätte ich diese Pferde nach Europa bringen können, so zweifle ich nicht, daß sie eine Revolution unter den Hippologen hervorgebracht haben würden, indem sie bewiesen hätten, daß wir von der Beschaffenheit der ersten Pferderasse im Nedschd bis jetzt noch nie etwas in Europa gesehen haben ... Bei diesen Pferden war nun in der Tat alles vereinigt, was unsere Züchter verlangen: Stärke der Glieder, Größe, Schönheit, alles regelrecht und verbunden mit einer unnachahmlichen Grazie und Leichtigkeit ...".

Es wurde aus der Praxis der Pferdezüchter frühzeitig bekannt, daß die Einwirkung der Umwelt, besonders des außergewöhnlich extremen Steppen- und Wüstenklimas, auf die Typausprägung des Pferdes sehr wesentlich ist. Auch in der Literatur wurde vor Jahrhunderten daraus für die Theorie Konsequenz gezogen. Beispielsweise untergliedert Morland bereits im 18. Jh. das Arabische Pferd in:

Mountain Arab	=	Bergaraber (Nedschd-Hochland),
Barb	=	Berber,
Turk	=	Türkischer Araber

Wrangel meint 100 Jahre später: „Wer die einschlägigen Verhältnisse kennt, wird daher nie von ‚echten' ägyptischen, syrischen oder türkischen Arabern reden. Echt im wahrsten Sinne des Worts sind nur die im früheren Wahhabitenreich Nedjd gezogenen Pferde sowie deren direkte Nachkommen." Raswan schreibt 1930, daß in England, Polen und den USA arabische Gestütsbücher existieren. „Leider wird in keinem dieser Bücher der edle Araber vom gewöhnlichen Orientalen, Afrikaner (Berber) und selbst zweifelhaften Pferden unterschieden ... Meiner Meinung nach sollte die ägyptische Regierung, welche gegenwärtig das beste arabische Blut in größter Anzahl außerhalb Arabiens besitzt, ein internationales arabisches Gestütbuch herausgeben. Dieses Gestütbuch sollte vier Klassen führen:

1. Edle Araber. A. Rein im Stamm (in erster, zweiter usw. Generation).
   B. aus gemischten Stämmen herrührend.

Sie müssen auch nach den morphologischen Punkten des Kopfes ihr reines Blut beweisen. Von jedem edlen Araber sollten zwei Photos im Buch veröffentlicht werden: a) Kopf im Profil; b) ganzes Pferd mit Schweifhaltung, um spätere Argumente auszuschließen.

2. Orientalen (Syrier, Kurden, Perser, Iraqi usw.), nur von hervorragenden Tieren würden Photos veröffentlicht.
3. Berber und andere Nordafrikaner.
4. Zweifelhafte, Unbekannte (Orientalen, Berber), gemischte obiger Arten usw.".

Wenn wir davon ausgehen, daß die nomadisierenden arabischen Stämme und die Züchter im Nedschd jahrhundertelang die Prinzipien der Familienzucht bevorzugten, also bemüht waren, ihre Pferde rein (= asil) zu züchten, ist mit der damit verbundenen Konsolidierung des genetischen Potentials auch die hohe züchterische Durchschlagskraft Arabischer Vollblutpferde dieser Herkunft zu begründen. Von dieser konsequenten Zuchtmethode wurde in vielen Gebieten außerhalb des Nedschd jedoch kein Gebrauch gemacht bzw. wieder abgegangen, teils aus Unkenntnis, teils aus Bequemlichkeit, aber auch infolge Mangel an hochwertigen Zuchttieren, besonders an Hengsten, so daß deshalb als die Quelle der eigentlichen Vollblutaraberzucht nur die Elitestämme einiger Züchter im Nedschd angesehen werden, trotzdem auch dort auf alle Fälle Anfang des 19. Jh. im Verlauf der Wahhabitenkriege von den Prinzipien der Reinzucht abgegangen werden mußte, also etwa zur gleichen Zeit, in welcher europäische Araberzuchten planmäßig aufgebaut wurden (z. B. Ungarn, Polen).

In der Vergangenheit haben also nicht nur die europäischen, sondern auch die arabischen Pferdezüchter selbst eine Reinzucht z. B. nach der Methode der Englischen Vollblutzucht beim Arabischen Vollblutpferd nicht betreiben können. Wir wären auch nicht in der Lage, beispielsweise aus der zurückliegenden Zeit einen Stichtag zu finden, von welchem an eine Reinzucht gefordert werden könnte, wie es z. B. den Festlegungen bei der Zucht des Englischen Vollblutpferdes seit 1793 entspricht. Keine Zuchtstätte für Vollblutaraber könnte unter solchen Bedingungen eine Reinzucht nachweisen.

Bis zur Schließung des 1. Bandes des General Stud Book bestand in der Englischen Vollblutzucht die gleiche Situation. Der berühmte, auf der Rennbahn nie geschlagene Vollbluthengst „Eclipse" (1764 bis 1789), der in den Abstammungsnachweisen aller Englischen Vollblüter der Erde mehrfach zu finden ist, hatte unter seinen Vorfahren 15 Stuten unbekannter und mehrere Hengste zweifelhafter Herkunft.

Die „World Arabian Horse Organization" (WAHO, gegründet 1967), der alle Staaten, in denen bedeutende Vollblutaraberzuchten bestehen, angehören, hat deshalb 1974 eine eindeutige Definition des Begriffes „Vollblutaraber" vorgenommen und für verbindlich erklärt. Danach ist ein Vollblutaraber ein Pferd, das in einem von der WAHO anerkannten Stutbuch oder Register verzeichnet ist und das selbst bzw. dessen Vorfahren vor dem 1. 1. 1974 in ein derartiges Stutbuch oder Register eingetragen wurde. Es wurde also hier eine ähnliche Lösung gefunden, wie sie vor rund 180 Jahren für die Englische Vollblutzucht in Anwendung kam. Seitens der Mitgliedsländer der WAHO werden die nationalen Stutbücher zur Bestätigung eingereicht bzw. wurden bereits entsprechend bestätigt.

Zum besseren Verständnis soll an dieser Stelle auf die moderne Interpretation des Begriffes „Reinzucht" verwiesen werden. Man verwendet ihn für die Paarung von Individuen innerhalb einer geschlossenen Population, also für die Zucht innerhalb der Rasse. Reinzucht bedeutet heute demnach die Verbindung von Tieren mit einer verhältnismäßig ähnlichen Erbmasse. Im Gegensatz zum streng wissenschaftlichen Reinzuchtbegriff, der nur in der Pflanzenzüchtung in Form der Selbstbefruchtung voll erfüllt werden kann, wird in der Züchtungspraxis der Tierproduktion entsprechend der Definition der Rasse unter Reinzucht weder eine weitgehende Reinerbigkeit noch eine vollkommene Übereinstimmung der erblichen Grundlage bei den Paarungspartnern vorausgesetzt. Nach den vorherrschenden Verwandtschaftsverhältnissen gibt es zur Realisierung der Reinzucht zahlreiche methodische Möglichkeiten, deren Konsequenz und inhaltlicher Umfang durch Begriffsformulierungen wie Inzucht, Linienzucht, Familienzucht, Typenzucht, Eigenschaftskombination, Blutauffrischung gekennzeichnet ist.

Pedigree-Fanatiker glauben, die Frage der Reinzucht möglicherweise auch aus Rennomiersucht und aus der Sicht nostalgischer Aspekte zu einem Problem machen zu müssen, um daraus die Berechtigung zum Aufbau bzw. die Anerkennung einer Elitegruppe des Arabischen Vollblutpferdes herleiten zu können, die auf die wenigen Vollblutaraber zurückgeht, welche vor allem in jüngster Zeit direkt aus Innerarabien importiert wurden bzw. Nachkommen sind, die beiderseits voll Nedschd-Vorfahren nachweisen können. Daß aber auch in den dortigen Elitezuchten Einflüsse anderer Rassen sicher sind, ist ihnen offensichtlich entgangen. Statt dessen werden die Ergebnisse der modernen Züchtungsforschung bzw. der Haustiergenetik zu dieser Frage nicht beachtet und die traditionsreichen europäischen und andere Zuchten mit dem Vorwurf der „Unreinheit" belastet, was selbstverständlich dann auch zu den entsprechenden ökonomischen Konsequenzen führt.

S k o r k o w s k i hat zu Recht darauf hingewiesen, daß das Konglomerat an phänotypischen Merkmalen und ihrer genetischen Bedingtheit in der heutigen Arabischen Vollblutzucht dahingehend geordnet werden sollte, daß nach einheitlichen züchterischen Gesichtspunkten unter Nutzung der züchterischen Traditionen und moderner wissenschaftlicher Kenntnisse, besonders der Populationsgenetik, eine Rückzüchtung auf ein ideales Modell in den Typenvarianten erfolgt, die R a s w a n vor fast 50 Jahren vorschlug. Diese Rückzüchtung soll im Sinn der Linienzucht geschehen, also durch Selektion und Inzucht erfolgen (vgl. auch B a k e l s). Darüber wird nachstehend noch genauer informiert.

Was das Reinzuchtproblem angeht, so muß zudem noch bemerkt werden, daß etwa fünf Generationen zurückliegende Erbanlagen nur noch mit geringer Wahrscheinlichkeit einen Einfluß auf Phänotyp oder Leistung der rezenten Generation haben; je größer die Generationsfolge zwischen dem Vorfahr und dem heute lebenden Tier ist, desto geringer ist dessen Einfluß auf Morphologie und Physiologie des rezenten Tieres. Nach L e R o y hat bereits ein G r o ß elternteil nur noch 6,25 % des Erbguts dem Enkel vermittelt. Die Urgroßelterngeneration ist für diejenigen Eigenschaften und Merkmale, die durch mehrere Erbfaktoren bedingt sind, praktisch bereits bedeutungslos, so daß der lückenlose Nachweis der Abstammung über viele Generationen seine früher angenommene vordergründige Bedeutung nicht besitzt. Unter anderen hat W a ß m u t h diese Problematik mit Schlußfolgerungen auch für die Arabische Vollblutzucht gründlich erörtert und den Einfluß der Vorfahren auf den Abkömmling deutlich gemacht; die in Tabelle 2 ausgewiesenen Ergebnisse bestätigen die vorgenannten Bemerkungen.

Nach der 5. bis 6. Generation hat das Individuum also bereits mit einigen seiner

Abb. 36. Eine im Mu'niqi-Typ stehende Vollblutaraberstute aus dem Gestüt von Dr. Iskander K a s s i s , Aleppo (Syrien). Aufn. A. W r a n g e l , 1962

Abb. 37. Togo-Pony-Hengst, etwa 5jährig (Zoologischer Garten Prag). Aufn. Verfasser, 1960

Abb. 38. Kaspisches Zwergpferd. Erwachsener Hengst aus dem Forschungsbetrieb Norouzabad bei Teheran (Iran), Widerristhöhe etwa 110 cm. Aufn. L. L. Firouz, veröff. 1973

Abb. 39. Reitpferd der Schammar-Beduinen im Nordirak. Ähnlich auch dem anatolischen Landpferd in der Osttürkei. Nur wenig vom Vollblutaraber beeinflußt. Aufn. L. Stein, 1962

Abb. 40. Hauptgestüt Janów Podlaski (Polen)., Weideeintrieb, Aufn. Verfasser, 1978

Abb. 41. Hengst „Beduin", 15jähriger Original-Berber. Letzter Standort: ČSSR. Aufn. Landw. Hochschule Brno, um 1957

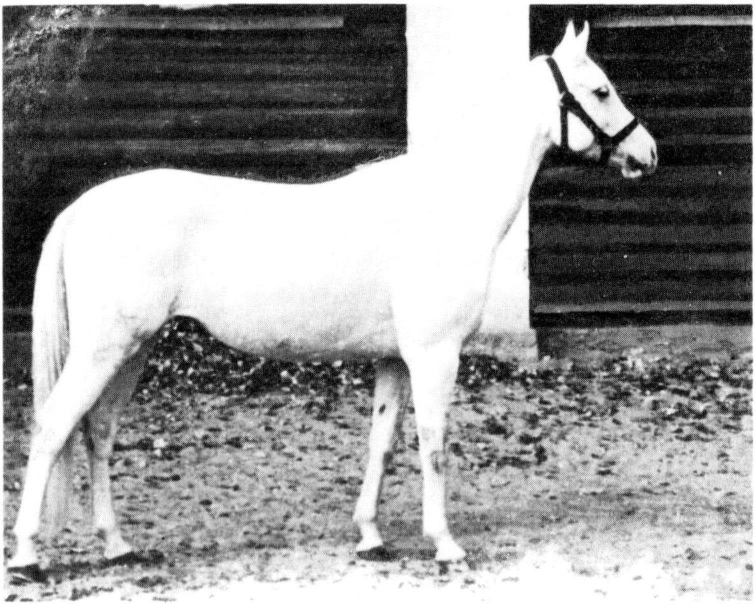

Abb. 42. Halbblutstute, etwa 75 % Arabisches Vollblut, Staatsgestüt Janów Podlaski (Polen). Aufn. Verfasser, 1956

Abb. 43. Schwedischer Halbbluthengst mit 12,5 % Arabischem Vollblut. „Immer 359", geb. 1951, v. Immer voran, a. Eroica 4682. Züchter: Dr. A. Aaby-Ericsson, Gåvetorp, Alvesta (Schweden). Letzter Standort: Schweden. Aufn. C. J. Lewenhaupt

Abb. 44. Hengst „Skowronek", geb. 1909, geritten von L. Wentworth, Crabbet Park (Großbritannien), v. Ibrahim, a. Jaskolka. Züchter: Gestüt Antoniny (Polen). Letzter Standort: Großbritannien. Aufn. Archiv

Abb. 45. Hengst „Nizzam", geb. 1943, v. Rissam, a. Nezma. Züchter: Crabbet Park (Großbritannien). Letzter Standort: Niederlande. Aufn. J. H. M. Lindemann

Abb. 46. Hengst „Negatiw", geb. 1945, v. Naseem, a. Tarasze. Züchter: Staatsgestüt Tersk (UdSSR). Letzter Standort: Polen. Aufn. W. Knjschewa, 1954

Abb. 47. Hengst „Ibn Galal", geb. 1966, v. Galal, a. Mohga. Züchter: Staatsgestüt El-Zahraa (Ägypten). Letzter Standort: Ungarn. Aufn. A. Alapfi, um 1971

Abb. 48. Hengst „Farag", geb. 1962, v. Morafic, a. Bint Kateefa. Züchter: Staatsgestüt El-Zahraa (Ägypten). Letzter Standort: Ungarn. Aufn. A. Alapfi, um 1971

Abb. 49. Stute „Carmen", geb. 1942, v. Trypolis, a. Wilga. Züchter: Staatsgestüt Janów Podlaski (Polen). Letzter Standort: Polen. Aufn. C h o m e t o w s k i , 1957

Abb. 50. Hengst „Kuhaylan Zaid", geb. 1925, v. Kuhailan Abu Junub, a. Kuhaila Al Ziyadah. Züchter: Arabien. Letzter Standort: Ungarn. Aufn. B. W a l t n e r , 1940

Vorfahren keine gemeinsamen Gene, ist mit ihnen demnach also nicht genetisch verwandt.

Es ist also wirklich eine unsinnige Vorstellung, daß in den genetischen Code heute lebender Arabischer Vollblutpferde Merkmale von einer der legendären „5 Stuten des Propheten" (Al-Khamsa, s. o.), deren Existenz allein schon mehr als in Frage steht, wirksam übermittelt worden sind.

Die vorgenannten Ergebnisse der modernen Tierzuchtforschung bedeuten für viele Pferdezüchter und -interessenten die Notwendigkeit völligen Umdenkens und die Lösung von alten Lehrmeinungen, z. B. der konstanten Vererbung, der Konstanz der Rasse, der Individualpotenz, demzufolge von der überhöhten Bewertung der Blutlinie (besonders der väterlichen) und des Abstammungsnachweises. Entscheidend für die Zuchtwertschätzung z. B. eines Hengstes ist die Prüfung bzw. Beurteilung aller seiner Nachkommen (also auch der „schlechten") unter Berücksichtigung von Exterieur und Leistung der Mütter dieser Nachkommen. Dabei ist eine möglichst lange Wirkungsdauer des Hengstes in einem bestimmten Bereich (wenigstens 3 bis 4 Jahre) notwendig, um das Urteil zu objektivieren und damit zugleich die wirklich wertvollen Vererber herauszufinden. Die Eigenleistungsprüfung des Hengstes allein genügt hierfür nicht.

Tabelle 2. Einfluß der Vorfahren auf das Individuum, angenommene Zahl der Chromosomen = 60 (Rind); das Pferd hat 64. Nach Waßmuth

Vorfahren-Generation*	Zahl der Vorfahren	Durchschnittliche Zahl der mit dem Abkömmling gemeinsamen Chromosomen	Anteil der Vorfahren, die kein Chromosom beigetragen haben, wenn alle Vorfahren einer Generation nur einmal auftreten würden (%)
1.	2	30,0	—
2.	4	15,0	—
3.	8	7,5	—
4.	16	3,75	—
5.	32	1,875	—
6.	64	0,938	6,2
10.	1 024	—	94,1
20.	1,05 Millionen	—	99,994
30.	1,072 Milliarden	—	99,999994
40.	1,093 Billionen	—	—

* Wenn man die Generationsfolge beim Arabischen Vollblutpferd mit 8 Jahren veranschlagt, entsprechen 40 Generationen also 320 Jahren, bei 10jähriger Generationsfolge 400 Jahren – seit Mohammed vergingen rund 1 300 Jahre (d. V.).

Zur o. g. Problematik schreibt Waßmuth u. a. wörtlich: „... Wenn man ein Kaltblutpferd eingekreuzt hätte, wird mir jeder glauben, daß man bei einer strengen Selektion nach dem Araber-Typ es nach 8 Generationen so weit gebracht hat, daß kein Kaltblut-Chromosom mehr vorhanden ist. Bei der Anpaarung mit Stuten unbekannter Abstammung, die gegebenenfalls bereits viel Araberblut führten, muß dies nun aber auch der Fall gewesen sein können... Der Kult langer Abstammungen führt zu keiner Erkenntnis für die Zuchtwahl in der Zukunft. Ich verweise an dieser Stelle auch auf die ausgezeichneten Arbeiten Le Roys über die Abstammungsbewertung... Wir müssen mit der Erkenntnis leben lernen, daß unsere Pferde zum überwiegenden Teil nicht so ‚rein' sind, wie dies aus nicht immer logischen Gründen verlangt wird. Selbst Nachkommen direkt aus dem Orient eingeführter Tiere sind z. T. nicht rein. – Wenn die Eitelkeit über die vollständige und reine bzw. angebliche reine Abstammung eines Pferdes größer ist als die Liebe zum Tier, wird diese Erkenntnis weh tun und mancher wird sie von sich weisen, obwohl sie wahr ist. Aber ein Trost: Selbst die wenigen noch reinen Araber in Arabien sind genetisch nicht identisch mit ihren Vorfahren. Und in weiteren 100 Jahren haben wir gegebenenfalls durch mutierte Gene selbst bei genauester Zuchtwahl eben doch Tiere, die sich genetisch auch wieder von ihren heute lebenden Vorfahren unterscheiden müssen." Und an anderer Stelle heißt es: „Das Märchen von der Konstanz der Rassen glauben heute doch nur noch einige züchterisch Halbgebildete. Wie sollte man eigentlich Verbesserungen oder Verschlechterungen von Rassen feststellen, wenn Rassen konstant wären?"

Außerdem: Wie wir wissen, haben Klima und sonstige Umwelt ganz entscheidend zur Prägung von Modell und Typ des Arabischen Vollblutpferdes beigetragen, wie es übrigens auch in anderen Bereichen der Haustierzucht bekannt ist und genutzt wird. Nach den Arbeiten von Dušek, Vanikainen oder Varo u. a. m. beträgt die Heritabilität (Erblichkeitsanteil) für das Exterieur bei verschiedenen Pferderassen nur zwischen $h^2 = 0{,}19$ und 0,35; auch für Details des Körperbaus liegen die Werte sehr niedrig. Ström und Philipsson haben an 281 ausgestellten Vollblutarabern – Nachkommen von 46 Hengsten – zur Heritabilität von Exterieurmerkmalen Untersuchungen gemacht, deren Ergebnis in Tabelle 3 ausgewiesen wird. Deswegen spielen die Fragen der richtigen Aufzucht und Ernährung in der Pferdezucht und -haltung eine so bedeutende Rolle.

Diese Erkenntnis haben die erfolgreichen Pferdezüchter aller Länder stets beachtet. Beispiel, das hier besonders interessant ist: Bei einer mühsam erwirkten Audienz bei Abbas Pascha 1852 erhielt v. Hügel auf eine entsprechende Frage folgende Antwort: „Nie und nimmer sollst Du glauben, daß die in Deinem Land geborenen Pferde echte Araber sind. Dies aus dem einfachen Grund, weil das arabische Pferd seine Qualität und die Eigenschaften, die es so berühmt machen, kaum beibehalten kann, wenn es nicht Wüstenluft atmet!"

Es muß auch bedacht werden, daß es gerade in neuester Zeit gelang, alte, früher

Tabelle 3. Heritabilität verschiedener Exterieurmerkmale bei Arabischen Vollblutpferden (n = 281). Nach Ström und Philipsson

Merkmal	h^2	
Arabertyp	0,41	± 0,10
Röhrbeinumfang	0,20	± 0,07
Kopf/Hals	0,37	± 0,10
Extremitäten („Ben")	0,22	± 0,08
Oberlinie, Kruppe	0,29	± 0,09

bedeutende Wirtschaftspferderassen innerhalb weniger Generationen bzw. der letzten 10 bis 20 Jahre durch Selektionsmaßnahmen und Einkreuzung von Spezialrassen zu Reitpferdepopulationen zu qualifizieren, die dabei naturgemäß eine tiefgehende Modell- bzw. Typumwandlung erfuhren und so den modernen Anforderungen entsprechen. Beispiele dafür sind das Warmblutpferd der DDR (Schwark) und das polnische Halbblutpferd.

Solche Arabische Vollblutzucht wie die Polens, die seit Anfang des 19. Jh. als Reinzucht betrieben wird, ist einer der Beweise dafür, daß die sogenannten biologischen Prinzipien für die Pferdezucht auch hier voll Geltung haben.

Trotz der nicht ganz sicheren Herkunft einiger Stammütter (um 1812) und naturgemäß völlig anders gearteter Klimabedingungen hatte die Arabische Vollblutzucht dort Mitte des 19. Jh. wegen ihrer Qualität und Typtreue große Bedeutung. Nach Wirksamwerden solcher Zuchtstätten wie Sławuta, gegründet 1506 (seit 1791 Arabische Vollblutzucht), Gumniska, gegründet 1835, Jarczowce, gegründet 1845, Antoniny, gegründet 1883 und Pełkinie, gegründet 1886, wurde eine noch zunehmende Qualitätserhöhung erreicht; dazu wurden zwischen 1795 und 1905 insgesamt 220 Hengste und 23 Stuten arabischer bzw. orientalischer Herkunft importiert, von denen eine große Anzahl züchterische Bedeutung erlangten (vgl. Bauer nach Raswan). Die Erfolge der polnischen Zucht kamen dann in der Produktion solcher internationaler Spitzenhengste wie z. B. „Abu Mlech" (geb. 1902), „Bakszysz" (geb. 1901), vor allem aber „Skowronek" (geb. 1909) zum Ausdruck. Diese und andere Hengste legten direkt oder indirekt die Grundlage der modernen internationalen Vollblutaraberzucht außerhalb der arabischen Länder.

Trotz großer Verluste in den beiden Weltkriegen und der damit verbundenen Schwächung ihrer materiellen Basis erholte sich die Zucht innerhalb kurzer Zeit. Solche bedeutenden Hengste wie „Ofir" (geb. 1933) aus der Periode nach 1919 (von 1929 bis 1938 wurden 26 Hengste und 21 Stuten exportiert) oder „Comet" (geb. 1953) und „Bandos" (geb. 1964) aus der Periode nach 1945 weisen das nach. In den polnischen Staatsgestüten Janów Podlaski, gegründet 1817 (seit 1919 mit Unterbrechung von 1945 bis 1960 Arabische Vollblutzucht), Michałow, gegründet 1947 und Kurozwęki, gegründet 1973, wird heute mit einem relativ sehr kleinen Bestand von etwa 140 Stuten ein Arabischer Vollblüter gezüchtet und aufgezogen, der hinsichtlich Phänotyp und Erbgut die internationale Klasse verkörpert. Das wird nicht nur in den hohen Exportzahlen und den dabei erzielten Preisen sichtbar, sondern vor allem durch das Urteil international anerkannter Spezialisten, das sich in Publikationen, Zuschriften und Eintragungen in den Gästebüchern der Zuchtbetriebe findet.

Die Ursache dieser Erfolgsbilanz liegt eben darin, daß nach einheitlichen Gesichtspunkten konsequent gearbeitet wird, nach einem Zuchtziel, welches – durch die Nutzung des Pferdes bedingt – vorwiegend nach pänotypischen Merkmalen unter Einbezug von Ergebnissen der Leistungsprüfungen (z. B. Araberrennen) orientiert ist. Die Erreichung dieses Zuchtziels wird durch Selektion und Importe von Spitzenhengsten bzw. internationalen Zuchthengstaustausch z. B. mit der UdSSR sowie durch die zweckmäßigste Gestaltung der Aufzucht und Haltung realisiert (Flade).

Das ist in Stichworten das Ergebnis einer Reinzucht des Arabischen Vollblutpferdes, die erst seit etwa 1803 betrieben wird und einen nur sehr kleinen Bestand umfaßt, wenn man mit sonstigen Landespferdezuchten oder auch Elitezuchten vergleicht. Sie ist damit etwas jünger als die Zucht des Englischen Vollblutpferdes und berücksichtigt erst seit 1927 das Leistungsprinzip, um möglichen Degenerationserscheinungen zu begegnen (1927: erstes Araberrennen in Polen). Aus der Sicht dieses Beispiels, das übrigens anhand von Unterlagen aus anderen Ländern (u. a. Ungarn, UdSSR, Großbritannien) erweitert werden kann, sind auch die nachfolgenden Ausführungen zu sehen, die sich mit Details der Linienzucht beim Arabischen Vollblutpferd beschäftigen.

3. Stämme, Familien, Zuchtziel

Die Familien des Arabischen Vollblutpferdes erhielten ihre Namen von alters her zunächst vorwiegend von Hengsten, später bis heute von Stuten, die den Beduinen durch besondere Leistungen z. B. hinsichtlich Ausdauer, Fruchtbarkeit, Orientierungssinn, „Kampfesmut" auffielen. Raswan nennt 1050 arabische Worte, die die Beduinen auf ihre Pferde bezogen verwenden und aus denen sich auch Namen ableiten. Die Stuten gaben den Familien sowie ihren Nachkommen allgemein nicht nur den Namen, sondern im Fall von Familien- oder Linienzucht auch den Typ und Ähnlichkeit im Modell. Es sind – wie dargelegt wurde – besondere Typen des Arabischen Vollblutpferdes oder auch anderer Hauspferderassen nur unter bestimmten Klima- und Haltungsverhältnissen zu züchten, wobei sich das spezielle Exterieur sowie besondere physiologische Merkmale einschließlich des Vorherrschens einer bestimmten Farbe herausbilden. Daraus ergibt sich, daß im Verlauf der überschaubaren Zuchtgeschichte des Arabischen Vollblutpferdes zahlreiche Familien entstanden, miteinander verkreuzt wurden, erloschen, aber auch wieder neu geschaffen wurden, also eine längere oder kürzere Lebensdauer hatten.

Der Vollständigkeit halber soll an dieser Stelle auf die Legende der „Fünf Stuten des Propheten" (arab. Al-Khamsa = die fünf) als angebliche Begründer der arabischen Vollblutzucht hingewiesen werden, die selbst in der Literatur des 20. Jh. noch oft als Tatsache hingestellt wird. Diese Erzählung geht in zwei Varianten auf eine uralte arabische Überlieferung zurück, von der schon Rabiat Al-Khayl (etwa 6. Jh. v. u. Z.) sprach und in welcher, je nach Berichtszeit und Berichterstatter meist andere Stuten als „Al-Khamsa" benannt werden.

Entscheidend für den Züchter des Arabischen Vollblutpferdes im Hochzuchtgebiet ist dessen reinblütige (= asile) Abkunft vom Kuhaylan, der als Ausgangsstamm oder Ausgangsrasse angesehen wird. Diese Bezeichnung ist in Europa seit dem 17. Jh. bekannt (Arvieux), was nicht ausschließt, daß sie in Arabien bereits früher gebräuchlich war. Sie behielt ihre ursprüngliche Bedeutung und gab ihren Namen zusätzlich für einen Stamm mit zahlreichen Familien und Unterfamilien, und zwar schon im 18. Jh.

Niebuhr widmet sich in seiner „Beschreibung von Arabien" 1772 diesem Problem und schreibt u. a.: „... Die Araber halten, wie bekannt ist, sehr viel auf ihre Pferde. Die einen nennen sie Kadischi, d. i. Pferde von unbekannter Abkunft ... Die andere Art heißt Koechlani oder Koehejle, d. i. Pferde, deren Ankunft man bereits von zwey tausend Jahren her aufgeschrieben hat ... Man hält besonders die Koechlany für geschickt, große Fatiguen auszuhalten, sie sollen Tage lang ohne die geringste

Nahrung oder wie man sagt, vom Winde leben können ... Sie sind weder schön noch groß, aber behend zu laufen, und werden bloß ihrer Tugenden und ihres Geschlechtes, nicht ihres äußerlichen Ansehens wegen, von den Arabern so hoch geschätzt. Sie werden auch gar nicht zu gemeinen Arbeiten, sondern bloß zum Reiten gebraucht. Das ganze Geschlecht wird in verschiedene Familien abgetheilet ... Die Araber haben zwar von ihren Koechlany kein Geschlechtsregister von einigen hundert Jahren, sie können aber dennoch von ihrer Abkunft ziemlich gewiß seyn, weil ihre Stuten immer in Gegenwart von Zeugen, und zwar von arabischen Zeugen, belegt werden ...".

Für den ihm wichtigen Begriff der Reinzucht hat der Araber 12 Sprachbezeichnungen, darunter auch eth-thirf; von diesem Wort leitet sich das englische turf her. Überhaupt sind noch eine ganze Reihe arabischer Fachausdrücke aus der Pferdezucht nach Europa gewandert (z. B. felu' = Füllen, mehr = Mähre, fohl = Fohlen, Hengst).

Es hat nicht an Bemühungen gefehlt, die zahlreichen Familien des Arabischen Vollblutpferdes, die infolge der Wanderungen der Beduinen oft weit voneinander verstreut waren, zu systematisieren. Neben Familiennamen als Ordnungsprinzip, deren Zahl zwischen 6 (Aly Bey) und 20 (Raswan) schwankt, gliederte Raswan um 1930 die von ihm ermittelten 240 Unterfamilien in drei Gruppen nach der Ähnlichkeit des Typs ein; sie verkörpern die der Zweckmäßigkeit und auch dem Schönheitsideal des Menschen entsprechende, mögliche Gesamtheit der äußeren Körpermerkmale des Arabischen Vollblutpferdes, aus der Rückschlüsse auf Nutzung und Leistung gezogen werden können. Dabei wird unterstellt, daß die Körperform weitgehend durch die Umwelt, vor allem durch die Ernährung beeinflußt wird. Unter den spezifischen Verhältnissen in Arabien fiel das Walther bereits vor über 150 Jahren auf. Er vermerkt: „... Ihre auszeichnenden Eigenschaften sind eine schöne Form, magere Hüfte, Schnelligkeit, Liebe zu ihrem Herrn. Man findet sie in allen Farben, die schwarze allein ausgenommen ... Die in Städten gepflegten Stallpferde haben einen schönen Gang und eine einnehmende Gestalt, die in den Wüsten weidenden Pferde aber ein demüthiges Ansehen, und sind sehr mager ...".

In begrenztem, aber ständig zunehmendem Umfang ist das Exterieur des Arabischen Vollblutpferdes auch das Ergebnis bestimmter Selektionsmaßnahmen infolge der planmäßigen Gestütshaltung.

Aus vorgenannten Gründen müssen die drei von Raswan vorgeschlagenen Gruppen oder Stämme als Biotypen, also als Varianten, aufgefaßt werden, deren Phänotyp jeweilig einem – zunächst angenommenen – Zuchtziel entspricht, und zwar innerhalb der Rasse des Arabischen Vollblutpferdes. Eine Identität mit einer bestimmten Abstammung besteht damit noch nicht, wenn auch mit Aufnahme einer planmäßigen Zucht in Richtung auf einen der drei Typen die genetischen Konsequenzen mehr und mehr eintreten, die auch die Festigung bestimmter Farben mit einschließen. Skorkowski sieht diese drei Biotypen als Rassen (Subspezies), „nach deren Rückzüchtung wir vor allem trachten sollen". Um Fehldeutungen zu vermeiden, wird nochmals betont, daß es sich also um drei Zuchtziele handelt, die im Detail voneinander abweichen, aber die entscheidenden Eigenschaften des Vollblutarabers, sowohl im Phänotyp als auch im Erbgut aufweisen. Diese Biotypen sind wie folgt gekennzeichnet und begründet:

1. Kuhaylan. arab.: al-kuhl = ein feiner, antimonartiger Puder zum Färben der

Augenlider arabischer Frauen benutzt, Stammwort zu kuhaylan = ursprünglich die feuchtschwarze Haut der Antilope, später auch die der „ersten" Wüstenaraber angeblich damit bezeichnet. Diese Hautfärbung ist beim Arabischen Vollblutpferd sehr häufig anzutreffen und ist besonders durch das fehlende oder ganz feine Deckhaar in der Augengegend deutlich sichtbar, so daß der Eindruck entsteht, als ob die Augenlider mit Antimon (kuhl, kohol [S t e i n]) gefärbt seien.

2. S a q l a w i . arab.: saqlawi = gut gebaute, tiefe Flanke.
3. M u ' n i q i . arab.: mu'niq oder ma'naq = langer Hals.

Kuhaylan und Saqlawi werden als „klassische Typen" des Arabischen Vollblutpferdes (Abb. 51) bezeichnet.

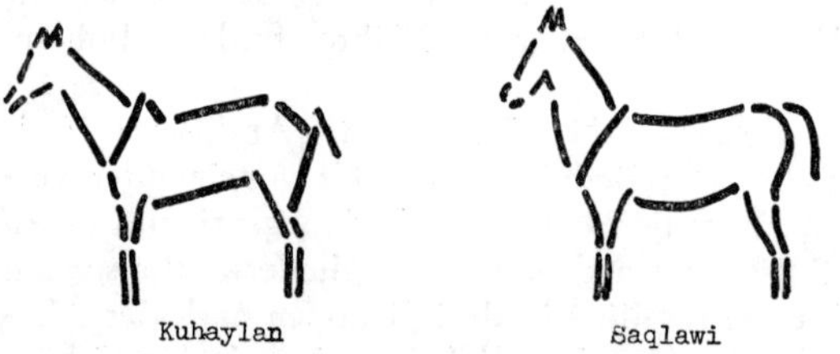

Abb. 51. Die sogenannten „klassischen Typen" des Arabischen Vollblutpferdes

Die Kuhaylans sollen betont maskulin in Typ und Modell sein. Sie gelten als besonders hart und ausdauernd, sind gut und fest bemuskelt, weit im Kehlgang und im Genick, breit in der Brust, in Kruppe und Becken. Besonderer Indikator für diesen Typ ist die markante Form des kleinen Kopfes mit kurzem, hechtartig verjüngtem Maulteil, weit auseinander gerückten Jochbeinen, breiter Stirn und weit voneinander angesetzten Ohren (Abb. 66–74).

Die unter Saqlawi zusammengefaßten Familien sollen allgemein einen stärker femininen, sehr eleganten Ausdruck haben, sind feiner gegliedert und runder in den begrenzenden Körperlinien. Breite und Tiefe des Körpers sind von Kuhaylan nicht generell zu unterscheiden. Die Saqlawis gelten als besonders leichtfuttrig und sehr anpassungsfähig im Temperament. Die Linien des Kopfes sind weniger ausgeprägt (Kopf nicht ganz so „trocken"), die Kopfform ist die des Kuhaylans.

Kuhaylan und Saqlawi haben einen im Verhältnis zur Körpergröße kleinen, im Maulteil kurzen, im Stirnteil breiten Kopf mit besonderen Merkmalen an der Nüsternpartie, die von anderen Pferderassen erheblich abweichen. Außerdem sind kurze Körperlinien kennzeichnend, weiterhin eine relativ gerade Kruppe.

Die dem Mu'niqi-Typ zugeordneten Tiere stehen in ihrem Phänotyp zu denen der „klassischen Typen" in bestimmtem Gegensatz (Abb. 36). Hier sind lange und kantige Linien kennzeichnend. Mu'niqis sind lang und schmal, haben einen langen Hals, einen langen, oftmals nicht festen Rücken, lange Extremitäten und einen verhältnismäßig langen und schmalen, auch groben Kopf mit geradem Nasenprofil und kleineren, höher angesetzten Augen. Der Widerrist ist hoch angesetzt, die Schweifwurzel tiefer und abfallend. Lange Schulter, langer Oberarm, kurzes Röhrbein und gerade Hinterbeine sind kennzeichnend.

Zu den genannten drei Biotypen werden 11 Stämme gezählt, die infolge der o. g. Zuchtmethoden als weitgehend einheitlich hinsichtlich Geno- und Phänotyp aufzufassen sind:

Biotyp	Stamm	Zahl der Familien
Kuhaylan (K)	K. Kuhaylan	118
	K. Hamdani	4
	K. Hadban	14
Saqlawi (S)	S. Saqlawi	29
	S. 'Ubayyan	24
	S. Milwah	2
	S. Mu'wajj	1
	S. Rishan	2
	S. Tuwaysan	2
Mu'niqi (M)	M. Mu'niqi	9
	M. Jilfan	3

Eine Verbindung dieser Stämme ist häufig, wobei im Originalzuchtgebiet bestimmte Kombinationen bevorzugt wurden, an die sich auch Zuchtstätten angeschlossen haben, die außerhalb Arabiens/Ägyptens Vollblutaraber züchten. Die nachfolgend angegebenen 10 Stämme können dabei einem der 3 Biotypen zugeordnet werden:

gehört zum Biotyp	Stamm	Zahl der Familien
Kuhaylan (K)	K. Kuhaylan S. Saqlawi Shuwayman	4
	K. Kuhaylan S. Saqlawi Wadnan	1
	K. Kuhaylan S. Saqlawi Dahman	1
Saqlawi (S)	S. Saqlawi K. Kuhaylan Dahman	5
Mu'niqi (M)	M. Mu'niqi Kuhaylan Kubayshan	1
	M. Mu'niqi Kuhaylan Abu'Urkub	4
	M. Mu'niqi Saqlawi Muhalladi	2
	M. Mu'niqi Saqlawi Rabdan	5
	M. Mu'niqi Saqlawi Sa'dan	2
	M. Mu'niqi Saqlawi Samhan	2

Raswan begründet die starke Abweichung des Phänotyps der Mu'niqis von dem der Kuhaylans bzw. Saqlawis damit, daß etwa seit 1630 einige der ehemals im Süden und in der Mitte der Arabischen Halbinsel nomadisierenden Beduinenstämme sich in den Randgebieten westlich von Euphrat und Tigris ansiedelten bzw. ihre Wanderungen dorthin verlegten. Sie kamen mit den dort ansässigen Turkmenen in Berührung. Die Araber ließen ihre Stuten, die bis dahin noch den „klassischen Typen" entsprachen, von Turkmenischen Hengsten belegen. Die aus diesen Paarungen entstandenen Nachkommen sollen den für die Klassifizierung des Mu'niqi-Typ kennzeichnende Rennpferdexterieur, besonders die lange kantige Form, aufgewiesen haben. Nach Raswan vererben die Mu'niqis Größe, Länge und damit auch die Schnelligkeit. Wo ihr Blut in Kuhaylans oder Saqlawis hineingerät, werden die Köpfe länger und schmaler, Brustbreite und -tiefe nehmen im Verhältnis ab, die Kruppe wird schräg und die schöne Schweifhaltung verschwindet. Das für den Gesamteindruck des Vollblutarabers Typische geht fast ganz verloren. Das sei auch der Grund, warum im eigentlichen Hochzuchtgebiet nur mit Kuhaylan- bzw. Saqlawi-Blut gezüchtet würde (R a s w a n, S e y d e l). Diese Auffassung berücksichtigt jedoch nicht die tiefgreifende selektive Wirkung von Umwelt und Verwendung des Pferdes.

Kuhaylan- und Saqlawi-Typ sind die Ausgangspositionen für das im heutigen Zuchtziel für die Arabische Vollblutzucht enthaltene Merkmalsangebot. „Der ... klassische Araber stellt das Ideal dar, das Ägypten seit 3500 Jahren anstrebt. Die ganze arabische Pferdewelt hat von diesen Bemühungen profitiert" (F o r b i s).

Die Formulierung des Zuchtziels für Arabisches Vollblut im Fachbereichsstandard der DDR (TGL 26900 vom 1. 7. 1983) entspricht prinzipiell allen nationalen und den internationalen Festlegungen. Er lautet wie folgt:

„Allgemeine Leistungen:
- sehr konstitutionshart mit besonderer Eignung für Dauerbelastungen
- hohe Fruchtbarkeit
- sehr gute Futterverwertung
- lebhaftes Temperament, gutartig und sehr umgänglich

Spezielle Leistungen:
- korrekte, sehr schwungvolle und elastische Bewegungen in allen drei Gangarten

Exterieur:
- edles, elegantes Pferd mit trockener Textur im Hochrechteck- bis Quadratformat
- kleiner, ausdrucksvoller Kopf mit konkaver Profillinie und großem Auge
- mittellanger, gut angesetzter Hals
- schräge Schulter
- große Brusttiefe und Vorderbrustbreite
- gerade bis leicht abfallende Kruppe
- korrekte Gliedmaßen mit klaren und gut ausgeprägten Gelenken sowie regelmäßig ausgeformten festen Hufen

Widerristhöhe:	145 bis 155 cm
Rumpflänge:	143 bis 155 cm
Röhrbeinumfang:	17 bis 19 cm."

Hinsichtlich der Exterieurmerkmale gibt es in einer Reihe internationaler Standards noch einige Detailforderungen; sie sind nachstehend verzeichnet, soweit sie über den DDR-Standard hinausgehen, u. a.:

Bewegung: Lebhaft, gelöst und im natürlichen Gleichgewicht. Im Schritt schnell, wobei die Hinterbeine oft 20–30 cm über die Spur der Vorderhufe treten. Im Trab sehr gut kadenziert mit langer Schwebephase. Im Galopp ist die Bewegung frei und leicht mit weiten, raumgreifenden Sprüngen. Die gesamte Haltung ist aufrecht und gelassen („heiter"), die Bewegung von spielender Leichtigkeit;

Kopf: Keilförmig, gerades oder – besser – unterhalb der Augen konkaves Profil, sich verjüngend zu einem schmalen Maul; trockene, breite, nicht zu tief heruntergezogene Ganasche;

Augen: Sehr groß, dunkel, fast kreisförmig rund (stumpfes Oval), weit geöffnet, „feurig"/ausdrucksvoll, glänzend, relativ kurzer Abstand von Augen zum Maul, Kopf zwischen den Augen breit;

Stirn: Breit und gewölbt;

Nüstern: Groß, sehr beweglich und zu großer Ausdehnung bei Erregung bzw. Belastung fähig, dünnwandig;

Ohrmuscheln: Klein, schmal und scharf geschnitten, dünnwandig und spitz, die Spitze leicht nach innen gebogen, bei Hengsten kleiner als bei Stuten;

Maul: Klein, straff und sich deutlich verjüngend, geschlossen, lange Maulspalte;

Unterkieferlinie: Gerade;

Hals/Nacken: Gewölbt an die Unterkiefer in einer gewölbten Kurve (Kehlgang gewölbt) angesetzt, lang, hoch angesetzt, am oberen Teil kräftig mit breiter Bemuskelung hinter den Ohrmuscheln;

Schulter: Schräg, lang und glatt („fließend"), frei in der Bewegung und gut bemuskelt;

Widerrist: Gut aus dem Hals übergehend und ausgeprägt sowie von mittlerer Höhe;

Rumpf: Gut gerippt und gerundet, der Rücken kurz und beiderseits der Wirbelsäule gut bemuskelt, insgesamt annähernd horizontal; tief mit langem weiten Brustraum und kurzer, kräftiger Lendenpartie;

Kruppe: Lang, breit und von ebener Fläche; Kreuzbeinhöhe = Widerristhöhe;

Schweif: Auf gleicher Höhe wie der Rücken angesetzt, besonders bei Erregung hochgetragen und – extrem – über den Rücken geschlagen;

Extremitäten: Mit „eisernen" Sehnen, generell gut bemuskelter Vorarm, Ober- sowie Unterschenkel, kurze Röhrbeine, große, starke Sprunggelenke, breites Kniegelenk;

Hufe: Hart und rund, verhältnismäßig groß, bei Hengsten oft kleiner als bei Stuten.

Wenn man die vorstehenden Forderungen der DDR- und der internationalen Standards mit den Merkmalen der 3 Biotypen vergleicht, wird also die Züchtung des Arabischen Vollblutpferdes vorwiegend auf den Kuhaylan- bzw. Saqlawi-Typ bzw. auf die zwangsläufig sowieso meist vorhandene Verbindung beider Typen orientiert, wenn sich auch die Erkenntnis durchsetzt, daß eine Rückzüchtung auf einen der beiden Typen durch planmäßige Linienzucht eine Schaffung von Genreserven für die Gesamtpopulation ermöglicht und damit ihren Zuchtfortschritt beschleunigt. Als Beispiel für ein solches Vorgehen soll nochmals die Arabische Vollblutzucht in Polen genannt werden, die nach 1945 im Zusammenhang mit ihrem Wiederaufbau diesen Weg ging.

Entsprechend ihrem Modell und Typ sowie auch nach den Gesichtspunkten ihrer Abstammung wurden die Kuhaylans zunächst nach Albigowa (gegründet 1947) und Nowy Dwor (gegründet 1947) gebracht. Rund 50 Stuten waren in diesen beiden Betrieben, die nur deshalb gebildet wurden, konzentriert. Nach dem Wiederaufbau des Staatsgestüts Janów Podlaski wurden sie 1960/1961 dorthin verlegt und planmäßig weitergezüchtet. Skorkowski berichtete 1965, daß die Kuhaylans dort gut gedeihen, während die bis 1939 in Janów Podlaski gezüchteten Saqlawis weniger gute

Ergebnisse zeitigten. Unter anderem zeichnen sich folgende spezifische Körpermerkmale ab:

kräftigerer Körperbau („als zuvor"),
mittlere Widerristhöhen,
kräftigere Beine,
in der Stirn breitere Köpfe,
konvex aufgewölbte Stirnen mit jedoch konkav ausgeschliffenen Nasen,
größere Kieferlänge.

Die Saqlawis wurden zunächst in Klemensów zusammengezogen, etwa 24 Stuten, dann um 1952 in das Staatsgestüt Michałow verlegt. Die erreichten Rückzüchtungsergebnisse spiegeln sich nach Skorkowski 1965, also nach 18jähriger Zuchtarbeit, u. a. in folgenden spezifischen Körpermerkmalen wider:

betontere Feinknochigkeit,
kürzere, edlere Köpfe mit breiten Stirnen,
betontere konkave Nasenlinien,
feinere Epidermis,
feineres Haarkleid,
Lidspalte größer geöffnet,
Ohren edler geschnitten.

Selbstverständlich spielt bei dieser Typrekonstruktion auch die klimatische und bodenmäßige Umwelt eine ganz wesentliche Rolle: Kuhaylans in Janów Podlaski, dessen Weiden im Urstromtal des Bug liegen, zum Teil im Bereich des Überschwemmungsgebiets, mit ganz leichten durchlässigen Sand- bzw. lehmigen Sandböden; Saqlawis in Michałow auf kalkreichen Wiesen und Weiden mit niedrigem Grundwasserspiegel.

Durch die Gestaltung der Deckpläne wurde frühzeitig versucht, das Gesamtniveau der Arabischen Vollblutzucht in Polen dadurch zu heben, daß eine Vereinigung der Feingliedrigkeit und des Adels der Saqlawis mit der kraftvollen Eleganz und der Ausdruckskraft der Kuhaylan möglich war. Das entsprach der Tradition, die zur erfolgreichen Entwicklung der Zucht in Janów Podlaski in den 20er und 30er Jahren geführt hatte. Darüber hat der Verfasser bereits 1955 und 1959 eingehend berichtet. Es gab also genetisch keine „Familien-Reinzucht", die ja aus den schon beschriebenen Gründen praktisch kaum möglich ist, sondern es wurde Typ und Modell zur Schaffung geeigneter Ausgangspositionen berücksichtigt. Daß daraus genetische Konsequenzen folgen, liegt auf der Hand, wenn auch dafür ein längerer Zeitraum notwendig ist. Soweit das Beispiel der Zucht in Polen (vgl. die Arbeiten von Roman Pankiewicz über die Blutlinien der wichtigsten Vollblutaraber in Polen: Z. Koń Polski, 19–21, 1984–1986, „Ród ogiera . . .").

Mit zunehmendem Einsatz des Vollblutarabers als Rennpferd spielt die Züchtung auf Rennleistung eine dominierende Rolle, so daß dadurch eine Typwandlung in Richtung des skizzierten Mu'niqi-Typ erfolgt. Das gilt auch für die arabischen Staaten, die Araber ausschließlich für die Rennbahn züchten. Es wird in diesem Zusammenhang daran erinnert, daß der am grundliegenden Aufbau der Englischen Vollblutzucht maßgebend beteiligte Stammhengst „Darley Arabian" ein typischer Vollblutaraber im Mu'niqi-Typ war (Abb. 11); er entstammte der Hadraji-Familie und wurde 1705 bei den Fid'an-Anaza-Beduinen in der Wüste um Palmyra gekauft. Sein

Modell entspricht den noch gültigen Forderungen an das Exterieur des modernen Englischen Vollblüters. Die heute in dieser Zucht verwendeten Hengste gehen ausschließlich auf „Darley Arabian“ in männlicher Linie zurück. Der Typ des Englischen Vollblutpferdes unterscheidet sich in derselben Weise von den „klassischen Typen“ des Vollblutarabers wie der Mu'niqi-Typ, da auch hier eine einseitige Auslese auf hohe Geschwindigkeit erfolgte und zudem durch Inzucht gefestigt wurde. In der UdSSR, in Polen und in der Arabischen Republik Ägypten und anderen Staaten jedoch dient die Prüfung der Vollblutaraber auf der Rennbahn nur der Erhaltung der wertvollen konstitutionellen Eigenschaften, ist aber nicht allein maßgebend für die Zuchtwahl, in welcher die Typfrage die entscheidende Rolle spielt und mit ihr die Erhaltung der speziellen Faktoren, wie gute Futterverwendung, Anspruchslosigkeit, schnelle Erholungsfähigkeit nach großen Anstrengungen, hohe Fruchtbarkeit, lange Zucht- und Nutzungsdauer.

Die nomadisierenden arabischen Volksstämme sowie auch z. B. seßhafte Araber im Nedschd haben erst in jüngerer Zeit die europäische Regel der schriftlichen Abfassung eines Abstammungsnachweises mit längerer Generationsfolge für ihre Zuchttiere übernommen, mindestens, wenn es sich um den Verkauf eines Zuchttiers nach außerarabischen Ländern handelt. Sonst wurde die Kenntnis von der Herkunft des Tieres stets mündlich von Generation zu Generation der Pferdezüchter weiter vermittelt. Bereits die ersten europäischen Arabienreisenden berichten darüber, z. B. Burkhardt und Niebuhr im 18. Jh. Diese mündlichen Angaben gelten als wahrheitsgetreu, da bei der Zeugung eines Fohlens ein außenstehender Zeuge zugegen sein muß, der sich während der gesamten Brunstperiode der Stute dort aufhält und zum Abfohltermin ebenfalls wieder bestellt wird, um die Geburt des Fohlens zu überwachen. Dieser Zeuge – im übrigen stets ein Moslem – stellt einen Geburtsbrief aus, der stammesgerichtlich bestätigt und gesiegelt wird (Abb. 28).

Noch 1876 beschreibt v. Hutten-Csapski drei „Formulare genealogischer Zeugnisse“, von denen eines hier wiedergegeben werden soll, weil sein Inhalt umfangreiche Rückschlüsse auf die Auffassungen der arabischen Pferdezüchter zur Abstammung, Aufzucht und die enge Verbindung zu ihrem Pferd zuläßt: „Im Namen des barmherzigen Gottes, unseres Herren Mohammeds des göttlichen Propheten, und seiner Anhänger – Gelobt sei Gott der allmächtige Schöpfer! Dieses Pferd ist reiner Rasse, sein Fohlenzahn in einem Beutelchen um den Hals gehangen, welches zugleich seiner Abstammung unfehlbares Zeugnis enthält, dem jeder Gläubige trauen darf.

Sein Vater ist Rabbamy und seine Mutter Zazahalah. Seine Formen sind voller Reiz, es läuft wie ein Strauß und sein Hemd ist weich beim Berühren. Unter seinen ehrwürdigen Vorfahren zählt es Salikah, des Vaters Mahats, des Vaters Kelak und des berühmten Alket, des Vaters Manusch, des Vaters Alscheh, eines Zweiges des Stammes, von welchem der berühmte Vater Lahalal's seine Abkunft leitet. Es hatte immer Gras zur Genüge, gleicherweise Körner und lebendiges Wasser, was uns Leben gibt, es hatte das als Belohnung vom Stamme Zazahalah für den Glanz seines Hemdes. Mögen tausend breitarmige Äste seinen Körper schützen gegen den gierigen Zahn der Hyänen, der Freunde der Gräber, gegen den durch die Wüsten heulenden Wolf ...“.

Hierzu liegen auch ältere Literaturhinweise von arabischen und europäischen Autoren vor; in neuester Zeit u. a. von Raswan, Ziętarski und Schiele.

4. Haltung im Originalzuchtgebiet

Außer den angegebenen züchterischen Vorgängen haben die natürliche Umgebung, die Fütterung und Haltung, den Typ des Arabischen Vollblutpferdes mit bestimmt. Das Zuchtgebiet erstreckt sich nicht über die ganze Arabische Halbinsel, sondern befindet sich vorwiegend in Mittel- und Nordarabien. Diese Landesteile liegen im Durchschnitt 600 bis 1000 m über N. N. und sind vollkommen dem Einfluß des kontinentalen Trockenklimas unterworfen. Dieses zeichnet sich u. a. durch trockene Spätsommer, geringe Luftfeuchtigkeit und extreme Differenzen zwischen Tages- und Nachttemperaturen aus (Tab. 4). Typisch sind die enorm intensive Sonneneinstrahlung und die ständigen Westwinde, die die trockene Luft aus den afrikanischen Wüstengebieten heranführen. Die größere Feuchtigkeit der Küstenluft reicht unter diesen Umständen nur wenige Kilometer landeinwärts.

Tabelle 4. Klimaangaben für das Trockengebiet Vorder- und Mittelasiens und Nordostafrika, ausgewählte Standorte, von Nord nach Süd. Nach Köppen

Ort Höhe in m üb. N.N.	Niederschläge in mm			Temperatur in °C		Temperatur-Amplitude
	jährl.	max.	min.	jährl. Ø	(max./min.)	
Urfa (560)	390	70 (März)	0 (Juli)	18,1	+40 bis − 4	27,8
Alexandria (30)	220	60 (Dez.)	0 (Juli)	20,3	+37 bis + 7	11,9
Kairo (30)	30	10 (Jan.)	0 (Juli)	21,2	+23 bis + 2	16,3
Djidda-Küste (10)	80	40 (Nov.)	0 (Juli)	27,1	+42 bis +15	8,7
Aden-Küste (3)	60	10 (März)	0 (Okt.)	27,8	n. e.	6,8
Nukus (70)	90	20 (Aug.)	0 (Juli)	11,4	+40 bis −26	20,5
Aschchabad (220)	210	50 (März)	0 (Aug.)	16,0	n. e.	29,4
Samarkand (720)	320	80 (April)	0 (Aug.)	13,2	+38 bis −17	24,9
Bagdad (60)	230	50 (Febr.)	0 (Juli)	21,8	+47 bis − 4	24,3
Teheran (1160)	250	50 (März)	0 (Aug.)	16,5	n. e.	28,5
Maskat (10)	130	40 (Jan.)	0 (Aug.)	26,7	n. e.	11,4
Djask (10)	110	30 (Febr.)	0 (Aug.)	26,1	n. e.	12,4

Zur Kennzeichnung der klimatischen Verhältnisse mag angegeben sein, daß in Innerarabien innerhalb von 15 min Temperaturunterschiede von 33 °C gemessen wurden (N o l d e, K ö p p e n) und 45° Temperaturdifferenz innerhalb von 24 Stunden im Sommer die Regel sind. Die Luftfeuchtigkeit liegt im Sommer nur noch um 20 %, obwohl im Inland starker Taufall häufig ist. Die wenigen Niederschläge fallen, als Winterregen oder auch als Schnee vor allem im Dezember und Januar. Im Nedschdhochland sinkt dabei die Temperatur bis –10°. Die Klimaangaben in Tabelle 4 sollen einen Überblick geben.

Ernährungsgrundlage für das Pferd (und auch für das Kamel) der nomadisierenden Araberstämme sind die während der Regenperiode vegetationsreichen Wüstensteppen = Nefud's (d. h. Das Verschwindende) Zentral- und Südarabiens. Diese Gebiete bilden große zusammenhängende Flächen (Die große Nefud = 70000 km^2) und stehen den aus Wanderdünen von feinstem Sand bestehenden eigentlichen Sandwüsten gegenüber, die völlig unfruchtbar sind und Pflanzen, Tieren und Menschen keine Lebensmöglichkeiten bieten. Die größte dieser Wüsten ist die Rub'al-Khali (d. h. Das verlassene Viertel) – 800000 km^2 –, die Mittel- von Südarabien trennt.

Als Zuchtgebiete treten neben den Nefuds die oasenartig gelegenen Hochlandstäler des Nedschd durch ihren Pflanzenreichtum besonders in Erscheinung. Dort sind auch die fest stationierten Gestüte aufgebaut worden. Die häufig vorhandenen sehr kalkreichen Lehmböden ergeben bei den in den Oasen gegebenen Bewässerungsmöglichkeiten ein ertragreiches Weideland bzw. dienen dem Futtererwerb. Im Gegensatz zu den Sandwüsten setzt sich der Boden der Nefuds aus bindigem Sand bis sandigem Lehm mit ebenfalls großem Kalkreichtum zusammen. Hierbei kommt jedoch die Vegetationsentwicklung während der Sommer- und Herbstmonate infolge fehlender Niederschläge völlig zum Erliegen. Im Frühjahr ist dagegen üppiger Wuchs sand- und kalkliebender Pflanzen zu verzeichnen, die einen hohen Mineralstoffgehalt aufweisen. Von diesen spielt bei der Fütterung der Pferde die Luzerne die Hauptrolle, weiterhin das aus einigen *Aristida*-Arten bestehende Weidegras (= Mussi), das auch zur Ernährung der riesigen Kamelherden dient. Außerdem wird die Wildform der Gerste neben verschiedenen Klee- und *Thymus*-Arten, die an den Berghängen des Nedschd wachsen, verfüttert. Diese Pflanzen haben fast sämtlich einen hohen Wassergehalt und sind bei der Haustierernährung ein wesentlicher Ausgleich für den oft akuten Wassermangel, der sich aus dem Fehlen fließender Gewässer, der geringen Anzahl von Brunnen und natürlicher, vom Regenwasser gebildeter Tümpel sowie von Oberflächenwasser gespeister Teiche ergibt.

Eine begrenzte Futtervorratswirtschaft wird für die Zeit fehlender Weide betrieben. An das Pferd werden getrocknet oder pulverisiert gefüttert: Kamel-, Gazellen- und Ziegenfleisch, Fische und Heuschrecken (hoher Nährwert, auch für den Menschen: etwa 46 % Eiweiß, 4,5 % Fett, zahlreiche Mineralstoffe, ein Schwarm kann bis zu 50 Mrd. Tiere und bis zu 100000 Tonnen Gewicht erreichen, S t e i n) neben dem sehr selten vorkommenden Gemüse, weiterhin auch Tamariskenzweige, Mahlzeitreste und Abwaschwasser (S c h i e l e), in Reserve gehaltene Gerste und Durra.

Während der drei Frühjahrsmonate wird außerdem an junge und erwachsene Pferde frische Kamelmilch verabreicht, die infolge ihres hohen Nährstoffgehalts eine sehr wertvolle Bereicherung der Futterration darstellt und mit in die Futterreserve eingeordnet werden kann. Sie liegt hinsichtlich des Fett- und Zuckergehalts zwischen der Pferde- und Rindermilch, enthält aber mehr Mineralstoffe als diese (Tab. 5).

Tabelle 5. Milchzusammensetzung bei ausgewählten Haussäugetieren in %. Nach Stier und König-Dinkler

	Wasser	Kasein und Albumin	Fett	Milchzucker	Asche
Kuhmilch	88,0	3,6	3,2	4,6	0,7
Sauenmilch	81,2	5,6	7,6	5,1	0,8
Schafmilch	82,5	6,0	6,1	4,5	0,9
Ziegenmilch	86,0	4,2	4,4	4,6	0,8
Stutenmilch	90,0	2,3	1,1	6,1	0,5
Kamelmilch	88,3	3,6	2,5	5,0	0,7
Eselsmilch	91,0	1,6	1,0	6,0	0,4

Nach Stein trinken Araberpferde Kamel- und Schafmilch gern, „das Hauptgetränk ist selbstverständlich Wasser. Durch Scharren mit dem Fuß oder durch hörbares Schnauben am Zelteingang geben die Tiere ihren Wunsch, getränkt zu werden, der Hausfrau bekannt. Die Verbundenheit zu ihren Lieblingspferden geht bei den Beduinen so weit, daß sie keinen Anstoß daran nehmen, mit ihnen aus einem Gefäß zu trinken“.

Im allgemeinen ist während der trockenen Sommermonate das Arabische Vollblutpferd außerhalb der Nedschdoasen trotz großer Anstrengungen ständig äußerst knapp und dann noch unregelmäßig ernährt und getränkt. Diese Tatsache hat zu einer ständigen Selektion auf Anspruchslosigkeit an Futtermenge, Futterqualität und Wassermenge geführt, die für den Arabischen Vollblüter kennzeichnend ist und zu einer seiner am meisten geschätzten Eigenschaften zählt. Damit verbunden ist die sehr schnelle Erholungsmöglichkeit von den Folgen der Unterernährung und des Wassermangels. Diese Unterernährung geht oft so weit, daß nur noch die typische Ausprägung der Kopfform Hinweis auf Herkunft und Abstammung des Tieres ist (Abb. 32) (Seydel).

Es wird berichtet, daß das Arabische Vollblutpferd 2 bis 4 Tage ohne Wasser auskommen muß, um die Wanderungen mit den Beduinenstämmen durch die Sandwüsten zu überstehen. Ziętarski erwähnt, daß eine von ihm zum Import nach Polen vorgesehene Stute in einem solchen Gebiet 280 km in 3 Tagen zurücklegen mußte, ohne gefüttert und getränkt zu werden.

Es wird auch rohes bzw. gekochtes Fleisch von Gazellen, Kamelen und Ziegen verfüttert, weiterhin werden auch frische Datteln verabreicht. In Bahrein besteht die Hauptmahlzeit aus einem Gemisch von Gerste, Kleie und Datteln. Es sei darauf hingewiesen, daß auch die Vollblutgestüte der Arabien benachbart gelegenen Länder, z. B. Ägyptens, Syriens und der Türkei weitgehend bei der Fütterung auf Luzerne und Klee (frisch und als Heu), Gerste, Hirse und Datteln neben Häcksel zurückgreifen, soweit das die jeweiligen Klimaverhältnisse zulassen. Außerdem werden je nach Anbaumöglichkeiten größere Mengen Grünmais verfüttert, als Diätfutter auch Mohrrüben. Die außerhalb der genannten Gebiete in Europa und Amerika gelegenen Gestüte müssen zwangsläufig andere Futtermittel benutzen, deren Verfütterung in vielen Fällen zu Typ- und Modellabweichungen beim Vollblutaraber führt. Eine besondere

Rolle spielen dabei Menge und Qualität des Weidefutters. Da hierbei die Güte und Größe der Futterration die des Hochzuchtgebiets oftmals übertrifft, neigen die so aufgezogenen Tiere zum vermehrten Größenwachstum und verlieren bestimmte rassetypische Exterieur- und Interieurmerkmale. Man strebt deshalb auch die Aufzucht auf kalkreichen Böden an, wobei daneben auf einen geringen Wasseranteil im Futter Wert gelegt wird.

Die Haltung und Fütterung der Mutterstute und des Fohlens entsprechen im Hochzuchtgebiet den geschilderten Verhältnissen. Bei den nomadisierenden Beduinenstämmen fällt die Abfohlzeit in die vegetationsreichen Frühjahrsmonate (15. 1. bis 15. 4.), während der sie sich in den wärmeren südlichen Gegenden aufhalten. Demgegenüber wird bei den Nedschd-Gestüten und bei den Zuchten der seßhaften Araber der Fohlenanfall auch auf die ersten Sommermonate (1. 4. bis 30. 6., nach Abidin) gelegt, da die Fütterungsverhältnisse dort von den Niederschlägen infolge der Möglichkeit künstlicher Bewässerung bzw. der vorhandenen Futtervorratswirtschaft wenig abhängig sind. Nach Raswan erhalten die Stuten nur etwa 1,5 kg Hartfutter (Gerste oder getrocknete Datteln) täglich neben der mehr oder weniger spärlichen Weide.

Die trächtige Mutterstute wird, wenn möglich, in den letzten Tagen vor der Geburt geschont und nachts überwacht. Das Letztere ergibt sich bei den wandernden Stämmen von selbst, da sich die Pferde unmittelbar am Familienzelt oder in dessen Vorraum aufhalten. Nach erfolgter Geburt wird die Nabelschnur auf 20–30 cm Länge abgeschnitten und abgebunden. Bei verschiedenen Stämmen und in einem Teil der Gestüte wird die Mutterstute zur Stützung der Bauchdecke nach der Geburt mit einem weitmaschigen Gewebe fest bandagiert. Unter sehr günstigen Verhältnissen erhält sie auch einige Tage Diätfutter, bei den Beduinen jedoch meist nur Stroh. Der Sitte gemäß werden die Ohren der Fohlen von unten her mit Fäden gebunden, da sie dann angeblich später besser aufrecht stehen. Auch drückt der Beduine mit einer Handfläche das neugeborene Fohlen fest unter dem Schweifansatz, um das für den Vollblutaraber charakteristische waagerechte Tragen des Schweifes zu erreichen (s. d.).

Die Fohlen werden im Alter von drei Monaten von der Mutter getrennt. Sie werden dann erstmals gefesselt, zunächst durch Anbinden eines Fußes mit Hilfe einer wollenen Schnur meist am Zelt.

Erst im Alter von einem Jahr werden Strickhalfter aufgelegt. Bei manchen Stämmen wird während der Weideperiode bei den einjährigen Fohlen das Halfter über das Sprunggelenk so kurz gebunden, daß kein schnelles Weglaufen möglich ist. Mit etwa dem zweiten Jahr werden zu dem gleichen Zweck die Vorderbeine der Pferde durch eine Schloßfessel verbunden (Abb. 30). Das geschieht auch, um Diebstahl zu verhüten. Grundsätzlich bindet der Beduine also sein Pferd nicht am Kopf an, damit das Tier alle Gegenstände zu erkennen und zu unterscheiden vermag. Auf diese Weise gibt es keine Scheu oder Nervosität.

Als erstes Zufutter erhalten die Absatzfohlen meist etwas Gerstenmehlbrei, damit sie sich an die Aufnahme der Gerste gewöhnen. Anstatt des wenigen Wassers wird in verschiedenen Fällen saure Ziegenmilch bzw. Kamelmilch gegeben, oder auch Wasser, in dem vorher getrocknetes Obst (z. B. Kürbis, Aprikosen) gekocht wurde. Die jungen Fohlen werden relativ frühzeitig zur Zucht verwendet und mit 1,5 bis 2 Jahren durch junge Reiter an Satteldecke und Reitergewicht gewöhnt.

Viele dieser Aufzucht- und Haltungsmethoden sind seit sehr langer Zeit fast oder völlig unverändert geblieben, aber in Abhängigkeit von Tradition und Territorium unterschiedlich. W a l t h e r schildert zu Beginn des 19. Jh. einige dieser Bräuche: „Nach fünfzehn bis sechzehn Monaten fängt der Araber an dem Füllen einen Sattel aufzulegen, und diesen behält es auch des Nachts auf. Die Steigbügel daran reichen ihm bis unter den Bauch, und hindern es, sich auf die Seite zu legen. Späterhin gewöhnt man sie auch, ihren Kopf perpendiculär zu halten, indem man die Trense stark anzieht und an den Sattelknopf festmacht. So bleiben sie den ganzen Tag über stehen. „Sie bekommen weder Heu, noch Hafer, sondern einzig und allein Gerste, täglich 5 bis 6 Pfunde, und zwar, erst bei Untergang der Sonne. Diese Gewohnheit macht das Pferd unermüdlich und ausdauernd. In den Zelten hält man es den Tag über mit Häcksel von Gerstenstroh hin. Mit 60 Pf. Gerste hinter sich gebunden, und mit einem Schlauch Wasser für den Reuter und das Pferd, legt so der Araber zehn Tage reutend zurück ...“.

Die Pferde der Beduinen werden aber erst mit 2 bis 2,5 Jahren voll als Reittiere eingesetzt, bei den seßhaften Arabern im allgemeinen später.

In der Regel lernen die jungen Pferde speziell einen weitausgreifenden Schritt (kadem), der ihnen im frühen Fohlenalter durch das Mitlaufen an der Seite der Mutter oder einer Kamelstute über große Strecken beigebracht wird. Bezeichnend für den Vollblutaraber ist das leise Aufsetzen der Füße im Gegensatz beispielsweise zum Kaltblüter oder anderen schweren Rassen, die bereits im Mittelalter in Westeuropa Lautfüßler (Sonipes) oder einfach Lautfuß genannt wurden, da sie beim Gehen hörbar den Boden stampften.

Als zweite Gangart wird den Vollblutarabern ein Galopp mit normaler schneller Sprungfolge anerzogen. Die Vollblutaraber kennen auch, wie dem Verfasser aus eigener Anschauung bekannt ist, einen paßähnlichen halblaufenden Galopp. Der Trab wird infolge der naturgegebenen Umstände nicht besonders gefördert, da diese Gangart den Beduinen zu sehr ermüdet. Jedoch sind auch hierbei die Vollblutaraber dauerleistungsfähig, verfügen aber nicht über einen großen Raumgriff, sind also nicht sehr schnell. Nach S t e i n unterscheiden die arabischen Beduinen fünf Gangkategorien:

temschi	Gang, langsamer Schritt
tugud	Trab
tahandjil	schneller Trab
taghir	gestreckter Galopp.

Dazu gibt es noch einige ergänzende Bezeichnungen.

Allgemein bekannt und in der alten und neuen arabischen Dichtung sowie der hippologischen Weltliteratur eingehend beschrieben ist das, gemessen an anderen Pferderassen besonders gutartige Temperament des Arabischen Vollblutpferdes, seine vorzügliche Prägungsfähigkeit (= „Lern“fähigkeit), verbunden mit hoher Individualität. Daraus ergeben sich eine ausgeprägte Anhänglichkeit und Sanftheit gegenüber dem Menschen. Diese Eigenschaften werden sicher vererbt, auch bei Paarung des Vollblutarabers an andere Pferderassen. Diese besonders für die moderne Reitpferdezüchtung so wertvollen Merkmale haben sich im eigenen Zusammenleben und intensiven persönlichen Umgang des Nomaden mit dem Pferd selektiv herausgebildet, das er, ebenso wie das Reitkamel (dhalul), als Haus- und Kampfgenosse betrachtet und behandelt.

Abb. 52. Hengst „Kemir I", geb. 1930, v. Kemir, a. Siglavy Bagdady I. Züchter: Staatsgestüt Bábolna (Ungarn). Letzter Standort: Ungarn. Aufn. Archiv

Abb. 53. Hengst „Priboj", geb 1944, v. Piolun, a. Rissalma. Züchter: Staatsgestüt Tersk (UdSSR). Letzter Standort: UdSSR. Aufn. A. Schtschekin, 1958

Abb. 54. Hengst „Bandos", geb. 1964, v. Negatiw, a. Bandola. Züchter: Staatsgestüt Janów Podlaski (Polen). Letzter Standort: Polen. Aufn. Verfasser, 1974

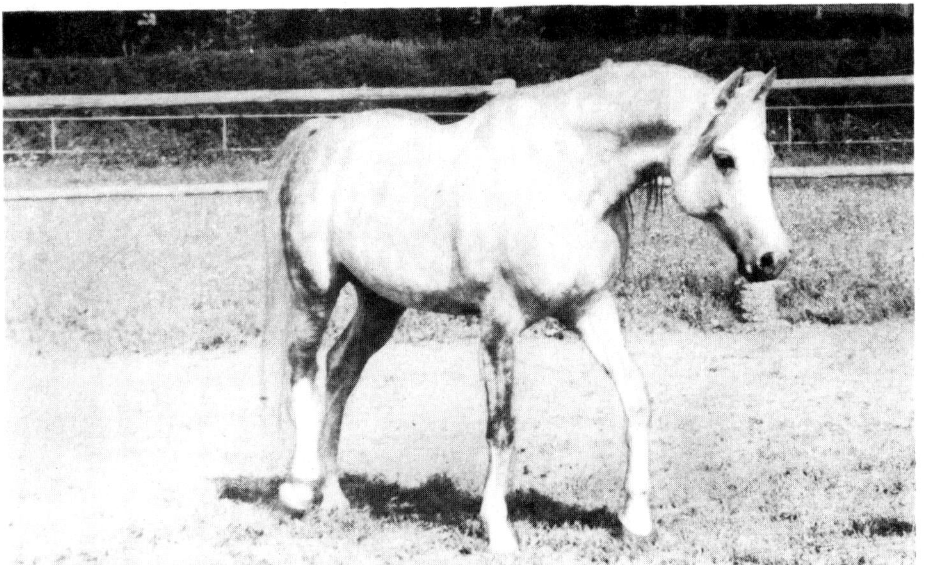

Abb. 55. Bewegungseigenschaften beim Arabischen Vollblutpferd – Schritt. Hengst „Bandos", geb. 1964, v. Negatiw, a. Bandola. Züchter: Staatsgestüt Janów Podlaski (Polen). Letzter Standort: Polen. Aufn. Verfasser, 1974

Abb. 56. Bewegungseigenschaften beim Arabischen Vollblutpferd – Trab. Siehe Abb. 55

Abb. 57. Bewegungseigenschaften beim Arabischen Vollblutpferd – Galopp. Siehe Abb. 55

Abb. 58. Hengst „Kaidal II", geb. 1975, v. Kaisoon, a. Dalila. Züchter: Zoologischer Garten Duisburg/BRD. Letzter Standort: DDR. Aufn. Verfasser 1982

Abb. 59. Hengst „Ghazal“, geb. 1955, v. Nazeer, a. Boukra. Züchter: Staatsgestüt El-Zahraa (Ägypten). Letzter Standort: BRD. Aufn. U. Guttmann, 1964

Abb. 60. Hengst „Mors“, geb. 1966, v. Aquinor, a. Morena. Züchter: Staatsgestüt Janów Podlaski (Polen). Letzter Standort: DDR. Aufn. Verfasser, 1973

Abb. 61. Hengst „Kuhailan Haifi", geb. 1923, v. Kuhailan Kharas, a. Kuhaila Haifi. Züchter: Kalif el Aouad (Arabien). Letzter Standort: Polen. Nach einem Gemälde

Abb. 62. Haardichte beim Arabischen Vollblut (links) und Belgischen Kaltblut (rechts). Nach M. K o w n a c k i, Warszawa, 1959

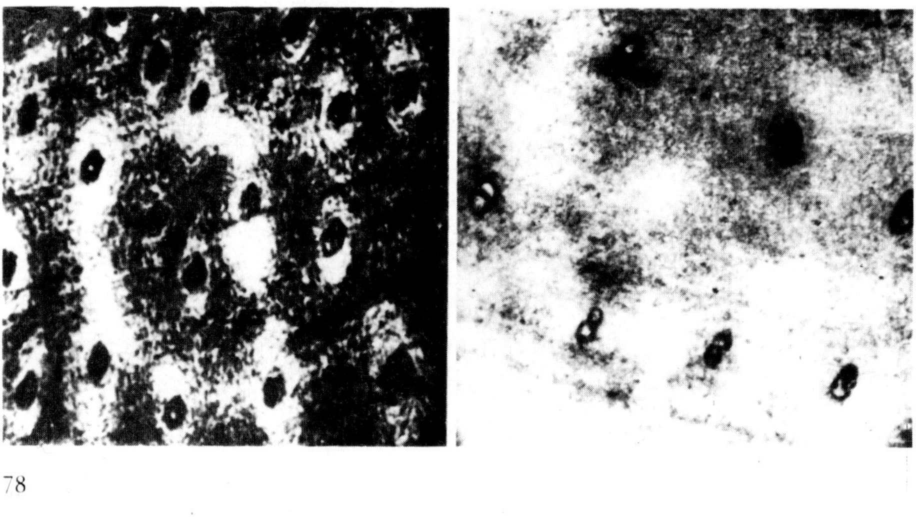

Abb. 63. Hengst „Abu Afas", geb. 1947, v. Bad Afas, a. Gahdar. Züchter: Staatsgestüt Nowy Dwor (Polen). Letzter Standort: DDR. Aufn. Verfasser, 1973

Abb. 64. Hengst „Nabor", geb. 1950, v. Negatiw, a. Lagodna. Züchter: Staatsgestüt Tersk (UdSSR). Letzter Standort: USA. Aufn. Verfasser, 1956

Abb. 65. Stute „Glia", geb. 1978, v. Mors, a. Gazella. Züchter: Zoo Rostock. Letzter Standort: BRD. Aufn. Verfasser, 1982

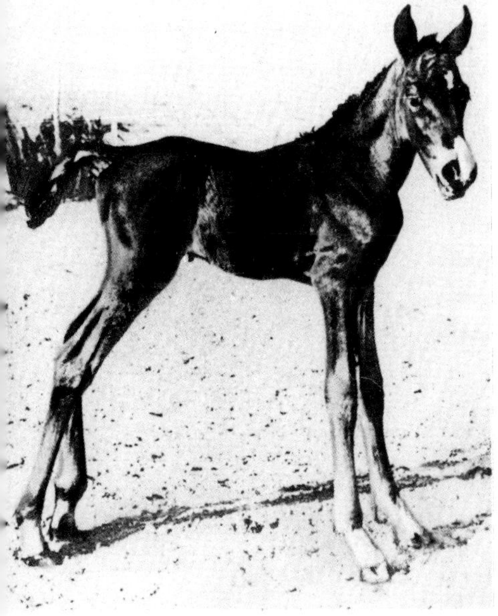

Abb. 66. Vier Stunden altes Arabisches Vollblutfohlen („Hamdany“), Gestüt Emir Is Bin Sulman Al Khalifa (Bahrein) (oben rechts). Aufn. D. Al K h a l i f a, veröff. 1971

Abb. 67. Kopf eines 24 Stunden alten Vollblutaraber-Fohlens, v. Abu Afas, a. Armenia. Züchter: Forschungszentrum für Tierproduktion Dummerstorf-Rostock (DDR). Letzter Standort: DDR. Aufn. Verfasser, 1958

Abb. 68. Hengst „Cien“, geb. 1970, v. Essaul, a. Cisawica. Züchter: S. B. Uhlén, Idingsta (Schweden). Letzter Standort: Schweden (oben links). Aufn. B. G i l r o y, veröff. 1974

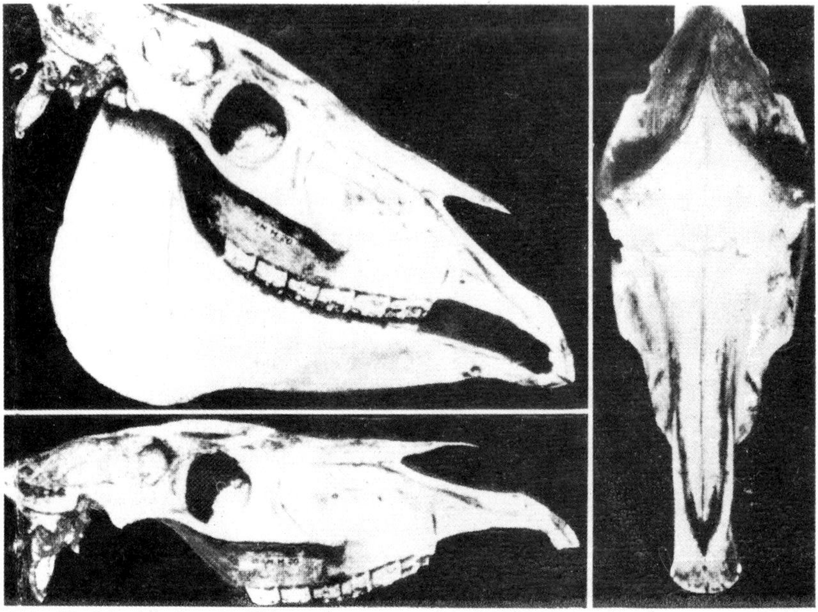

Abb. 69. Schädel eines Vollblutarabers vom Typ „Kuhaylan". Aufn. J. d'Andrade, Lissabon, 1938

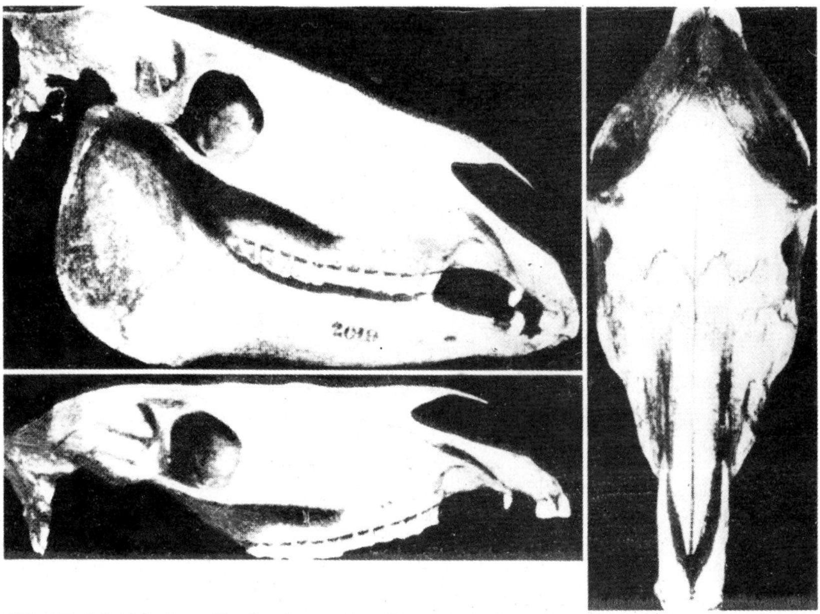

Abb. 70. Schädel eines Shetlandponys im „Urtyp". Aufn. J. d'Andrade, Lissabon, 1938

Abb. 71. Arabischer Vollbluthengst „Negatiw", geb. 1945, mit der typischen Kopfform, kurzes Maulteil, tiefe Ganasche, große Nüstern, Oberlippe überragt Unterlippe (vgl. Abb. 69), v. Naseem, a. Tarasze. Züchter: Staatsgestüt Tersk (UdSSR). Letzter Standort: Polen. Aufn. Verfasser, 1967

Abb. 72. Arabischer Vollbluthengst „Bandos", geb. 1964, mit der typischen Kopfform, sich stark verjüngendem Maulteil, stark hervortretende Jochbeinbögen, tiefe weite Ganasche, v. Negatiw, a. Bandola. Züchter: Staatsgestüt Janów Podlaski (Polen). Letzter Standort: Polen. Aufn. Verfasser, 1974

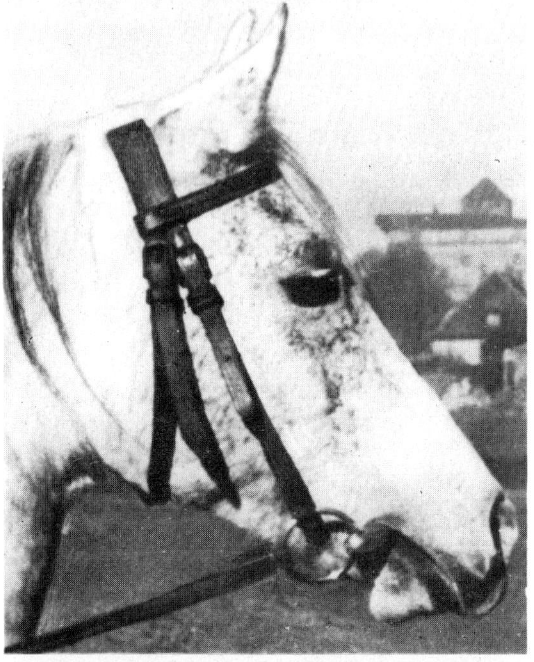

Abb. 73. Arabische Vollblutstute „Armenia", geb. 1947, mit den typischen Kennzeichen an der Maulpartie, v. Witraz, a. Amneris. Züchter: Staatsgestüt Janów Podlaski (Polen). Letzter Standort: DDR. Aufn. Verfasser, 1958

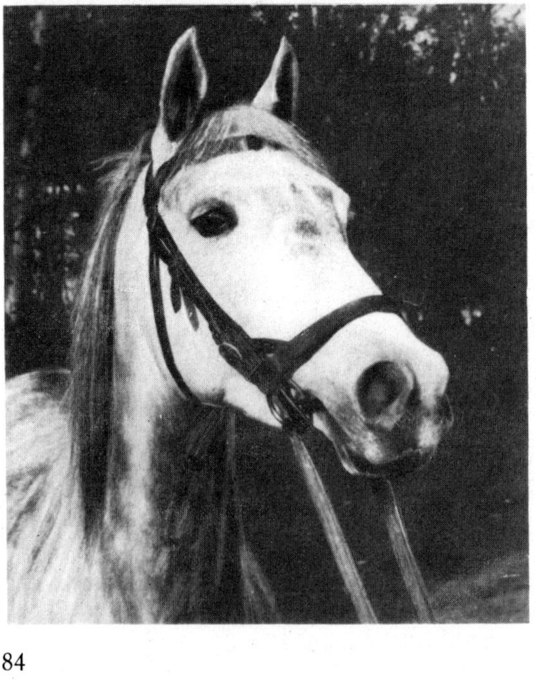

Abb. 74. Arabische Vollblutstute „Arabella", geb. 1961, mit den typischen Kennzeichen der Nüsternpartie, v. Adonah, a. Armenia. Züchter: Zoologischer Garten Rostock (DDR). Letzter Standort: DDR. Aufn. Verfasser, 1966

Abb. 75. Seitliches Kopfprofil beim Araberpferd – vom Sattel aus aufgenommen. Deutlich sind das aus dem Schädel hervortretende große Auge und sich verjüngende Maulteil sowie der feine Behang an Stirnlocke und Mähne erkennbar. Aufn. Verfasser 1969

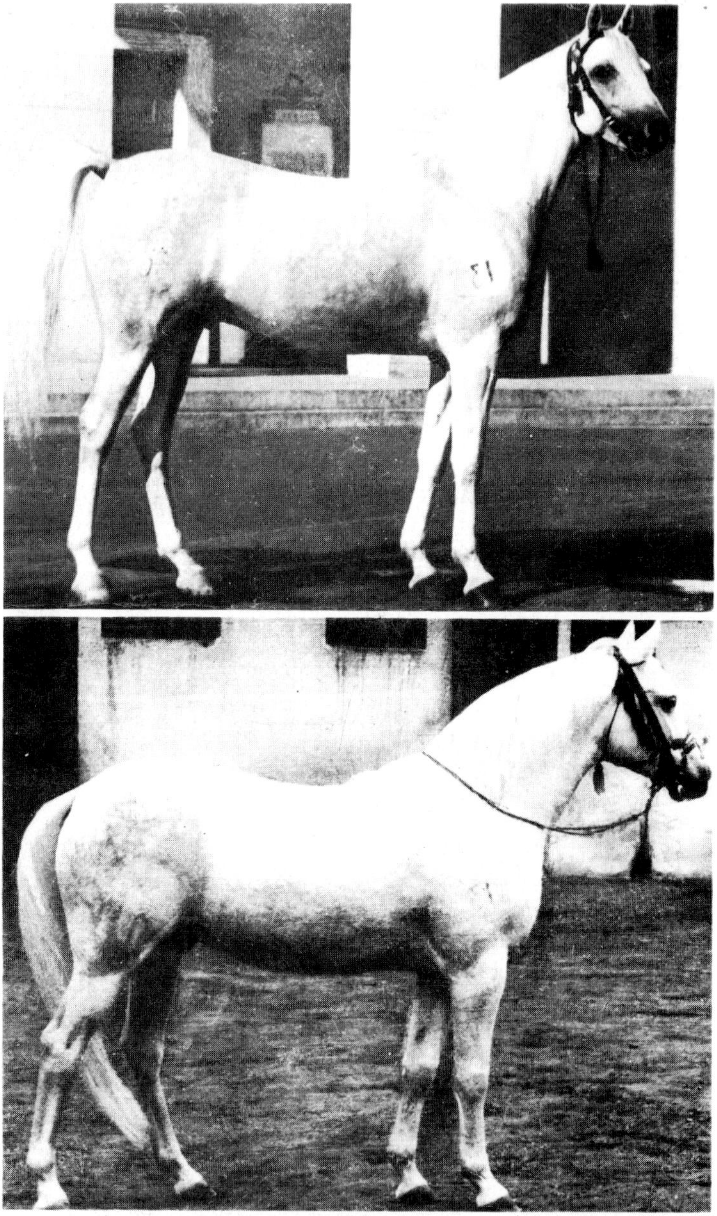

Abb. 76. Arabischer Vollbluthengst im Alter von 4 und von 6 Jahren, „Nabor", geb. 1950, v. Negatiw, a. Lagodna. Züchter: Staatsgestüt Tersk (UdSSR). Letzter Standort: USA. Aufn. W. K n j a s e w , 1954, Verfasser, 1956

Abb. 77. Arabischer Vollbluthengst „Naseem", geb. 1922, 30jährig, v. Skowronek, a. Nasra. Züchter: L. Wentworth, Crabbet Park (Großbritannien). Letzter Standort: UdSSR. Aufn. A. Schtschekin, 1952

Abb. 78. Arabischer Vollbluthengst „Adonah", 29jährig, v. Fetysz, a Fasila. Züchter: Bicker (Polen). Letzter Standort: DDR. Aufn. Verfasser, 1965

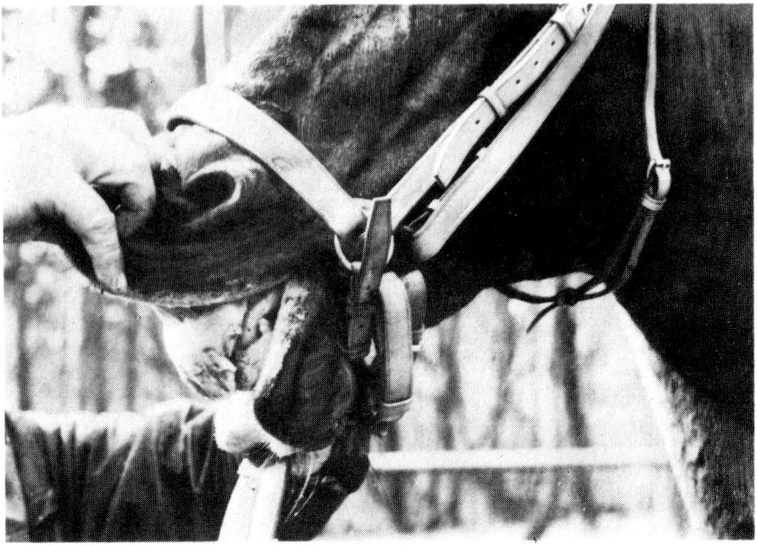

Abb. 79. Gebißanomalie bei einem Arabischen Vollblutpferd. Der Oberkiefer überragt den Unterkiefer, so daß sich die Kauflächen der Zähne nur noch ungenügend berühren. Aufn. Verfasser, 1973

Abb. 80. Araberrennen im Staat Bahrein. Aufn. R. Paterson, veröff. 1971

Für sein Pferd hat der Beduine Hunderte von Segenssprüchen, aber keinen Fluch. Von Kindheit an ist er mit ihm vertraut und tut ihm nur Gutes, wenn er auch in Notzeiten rücksichtslos das Letzte von ihm fordert und auch erhält. Auch über den Tod hinaus waren Pferd und Reiter verbunden. Es werden Fälle beschrieben, in denen Pferde von arabischen Reitern in Reihen der gläubigen Mohammedaner beigesetzt wurden, trotzdem ein Tier nach islamischem Glauben nicht ins Paradies kommen kann. Im übrigen handelt es sich hier um ein uraltes von den nordkaukasischen Völkern (Tscherkessen) nach Süden weitergegebenes Brauchtum, das vielen nomadisierenden Hirtenvölkern, z. B. auch den Mongolen, zu eigen war.

Nach arabischen Angaben sollen auch die Sinnesleistungen der Vollblutaraber besonders hoch sein. Bekannt ist die im Verhältnis zu anderen Pferderassen große Sehschärfe der Tiere während der Dunkelheit (M i l n e), weiterhin die Witterungsfähigkeit für weit entfernte Wasserstellen. Auch die eigenartig anmutende Vorliebe für Tabakrauch ist bekannt; diese tritt, wenn auch sehr selten, bei anderen Pferderassen ebenfalls auf. Der Tabak ist aber erst seit frühestens dem 16. Jh. den Arabern bekannt, da erst 1492 die Kenntnis vom Tabakbau und Tabakrauchen von Amerika nach anderen Kontinenten gelangte.

Der innerarabische Beduine ist im Charakter grundverschieden vom arabisch-nordafrikanischen. Letzterer liebt phantastisches aufwendiges Äußeres, während der Beduine der arabischen Halbinsel bescheiden und einfach lebt und sich entsprechend kleidet. Ebenso ist auch die Aufmachung seiner Pferde.

Das Berberpferd Nordafrikas wird oftmals mit Schmuck, wertvollen Decken und Lederzeug überladen. Dazu kommen Scheuklappen, Bocksattel, große Steigbügel, Kandare sowie Sporen und Peitsche für den Reiter. Umgekehrt sind die Verhältnisse, wenn man das Arabische Vollblutpferd betrachtet. Die reiterliche Ausrüstung des innerarabischen Beduinen beschränkt sich auf eine Satteldecke aus Gazellenfell mit Steigriemen oder einen primitiven Sattel und auf das Wollhalfter, durch das – oft nur einseitig – ein Strick als Zügel läuft, der nicht in das Maul eingelegt wird. Die Pferde werden nur auf Zuruf sowie auf Schenkel- und Gewichtshilfen dressiert (Abb. 31), bei einzelnen Stämmen überhaupt nur auf das Lenken mit einem krummen Stab (B r o w n , S t e i n).

Nur reiche Beduinen besitzen das bei uns gebräuchliche Sattel- und Zaumzeug, das oft durch besondere Beschläge sehr wertvoll ist.

Noch B r u d e r m a n n berichtet, daß Sattel und Halfter dem zugerittenen Tier nur ganz selten wieder abgenommen werden, auch nicht in Zeiten der Ruhe. Infolge der Befriedung der innerarabischen Stämme ist das heute kaum mehr der Fall (R a s w a n). Bei den Nomadenstämmen gibt es naturgemäß für Pferde keine festen Unterkünfte. Die Pferde bleiben in der Nähe des Zeltes in der bereits geschilderten Weise angebunden, meist mehrere Tiere an einem Tau oder auch einzeln an Pflöcken. Bei den seßhaften Arabern gibt es feste Stallungen, angefangen von den dunkelsten und kleinsten boxenartigen Anbauten bis zum Stallpalast. Je nach der örtlichen Gegebenheit (Stadt, Kalkstein- und Lawawüste) und evtl. fehlerhafter Entwicklung des Hufes wird das Arabische Vollblutpferd trotz seines stabilen Hufsystems wenigstens an den Vorderhufen beschlagen (A m m o n). Die Hufeisen bestehen – wie im Vorderen Orient auch bei Eseln und Klauentieren üblich – aus dünnen Blechplatten und haben verschiedene Formen. Sie werden in der Regel mit 6 Nägeln befestigt. Über diese Art des Beschlags berichteten bereits im 6. Jh. griechische Schriftsteller. Für die Bezeichnung des Hufeisens verwendet der Araber dasselbe Wort (= na'l) wie für Sandale (Abb. 29).

In der Zeit der dauernden Kämpfe zwischen den Nomadenstämmen und ständiger Raubzüge ritten die Beduinen vorwiegend Stuten, da Hengste oft weniger fügsam sind und zudem häufig durch ihr Wiehern den Standort des Reiters verraten. Das ist auch der Grund, weshalb sehr häufig Hengstfohlen verkauft bzw. verschenkt wurden, vorwiegend im Alter von 8 bis 12 Monaten. Wenn Hengste geritten wurden, dann meist nur solche, die noch nicht zur Zucht Verwendung fanden. Kastrieren von Hengsten ist, zumindest in Zentralarabien, nicht üblich. Es wird zudem berichtet, daß während der heißen Jahreszeit infolge der Futterarmut und Hitze die Hengste weitgehend ruhig sind, während im Winter mit ihnen mehr Schwierigkeiten auftreten.

Für 20 bis 40 Stuten hält der Beduinenstamm einen Hengst, der meist dem Scheik gehört. Für die Zuchtverwendung des Hengstes wird vom Besitzer kein Geld verlangt. Der Eigentümer der Stute macht jedoch in der Regel dem Hengstpfleger ein kleines Geschenk. Das Arabische Vollblutpferd kennt von Geburt an keine Pflege in unserem Sinne. Striegel und Kardätsche sind dem Beduinen unbekannt. Der ständige und trockene Wind bläst den pulvertrockenen Staub und Schmutz aus dem Fell.

Im ganzen arabischen Zuchtgebiet sind Brandzeichen bekannt. Meist sind es Stammes- oder auch Gestütsbrände. Sie sind zum Teil von altersher überliefert und erhalten geblieben. Hizam und Mankali berichteten bereits im 10. Jh. über derartige Zeichen.

In Anpassung an die in Arabien, besonders unter den Bedingungen des Nomadentums, herrschenden sehr harten Haltungsbedingungen und der engen Bindungen zwischen Mensch und Pferd, sind die wertvollen, typischen physiologischen und psychologischen Eigenschaften des Arabischen Vollblutpferdes also als Folge jahrtausendelanger Selektion entstanden und gefestigt worden. Dies führt zur internationalen Bedeutung dieser Rasse.

5. Reinzucht außerhalb des Hochzuchtgebiets

Einige Bemerkungen zur Reinzucht außerhalb des Hochzuchtgebietes vorab (Brief von Pettkó-Szandtner/Direktor des Gestüts Ein Shams/El Zahraa an den Verfasser vom 11. Juli 1955):

„... Mezöhegyes war das erste Staatsgestüt resp. Militärgestüt in Ungarn, im Jahre 1786 gegründet. Zu dieser Zeit waren sehr viele Araber, Türken, Tscherkessen, Ungarn, Siebenbürger nach Mezöhegyes gebracht. Diese führten alle arabisches und orientalisches Blut ... waren die Begründer des mezöheyeser Gestüts. Es ist ganz interessant, dass nach dem dort in die Zucht genommenen „Nonius Senior“, der in Frankreich erobert wurde und von der anglonormannischen Rasse stammte, nur so die gute Arbeitsrasse Nonius gegründet werden konnte, dass dieser hässliche Hengst diese guten orientalischen Stuten deckte. Und so sind von den so vielen Nonius-Familien nur die bis zum heutigen Tage im Leben geblieben, welche in der Gründungszeit Arabisches Blut trugen; besonders der Vater dieser Stuten, „Siglavy“, hat dazu beigetragen.

Der Koheylan-Adjuze-Hengst „Shagya" kam im Jahre 1836 aus Arabien nach Mezöhegyes. Er hatte hier den in ganz Europa verbreiteten Shagya-Stamm gegründet. Es waren ganz fantastische edle Pferde, aber diese wurden in Mezöhegyes – wie man es dort sagte: wenn man einen Pantoffel in die Erde steckt, so wächst daraus ein Stiefel – denn das Wachstum der Erde ist dort unvorstellbar – sehr groß und darum mussten sie in das auf sandigem Boden bestehende Bábolna (gegründet im Jahre 1789) transferiert werden. So kamen dann alle Araber, Vollblut- und Rassearaber, nach Bábolna, wo sie über 160 Jahre den Typus rein erhalten konnten ..."

Fast in allen Ländern der Erde, in denen eine Landespferdezucht besteht, wird seit meist vielen Jahrhunderten von der Verwendung Arabischer Vollblutpferde in mehr oder weniger großem Umfang Gebrauch gemacht.

Um vom Hochzuchtgebiet unabhängig zu sein, wurden in einigen Ländern zum Teil seit einem halben Jahrtausend eigene Zuchtstätten für Arabisches Vollblut aufgebaut, deren Produkte dann zur Verfügung standen, wenn sie benötigt wurden. Der ständige Rückgang der Vollblutzucht in Innerarabien macht diese Zuchtstätten laufend wertvoller, besonders, da in absehbarer Zeit kaum mehr ein Rückgriff auf das Hochzuchtgebiet im Nedschd mit Ausnahme der Gestüte um Er Riyad und Haijl möglich sein wird. 1986 gab es folgende Bestände, soweit sie erfaßt werden konnten:

- Europa etwa 25000,
- Vorderasien und Ägypten etwa 6000,
- Amerika (total) etwa 340000,
- Australien und Neuseeland 12000.

Es kann also per 31. 12. 1986 mit insgesamt 400000 Tieren gerechnet werden. Nach Angaben der einschlägigen Zuchtorganisationen kommen zur Zeit jährlich etwa 30000 bis 40000 Tiere hinzu.

Einige Gebiete mit stark arabisierter Pferdezucht befinden sich z. B. im Süden der Sowjetunion, auf dem Balkan und der Pyrenäenhalbinsel, im Osten Polens, im Vorderen Orient usw. Es ist wichtig zu wissen, daß am Gesamtbestand der Zuchtpferde in diesen Gebieten gemessen, auch dort der Vollblutaraber zahlenmäßig nur ganz gering vertreten ist, da er ja nur zuchtfestigend und zuchtverbessernd, also nur indirekt, wirksam werden soll. Nirgendwo bildet das Arabische Vollblutpferd eine Landrasse, sondern ist nur mit mehr oder weniger Anteil in den Landespferdezuchten vertreten. Infolgedessen sind zur Erhaltung genügend breiter Selektionsbasen enge Beziehungen zwischen den Zuchtstätten für Arabisches Vollblut aller Länder notwendig, besonders hinsichtlich des Austauschs von Zuchtmaterial bzw. Hengstsperma, wie es bereits zwischen den sozialistischen Ländern üblich ist. Diese Internationalität zeigt sich sehr häufig in den Abstammungsnachweisen Arabischer Vollblutpferde, in denen Zuchttiere verschiedenster Herkunftsländer verzeichnet sind (Tab. 6).

Mit der Züchtung des Arabischen Vollblutpferdes unter den verschiedensten Klima- und Haltungsverhältnissen sowie unter Bevorzugung bestimmter Typen bei voneinander abweichenden Zuchtmethoden ergeben sich zwangsläufig morphologische und physiologische Unterschiede zwischen den Vollblutarabern der jeweiligen Zuchtstätten. In den folgenden Abschnitten wird auf diese Tatsache noch besonders eingegangen.

Da jedes Land bzw. dessen Züchter bestrebt sind, den Vollblutaraber unter Rück-

Tabelle 6. Einzelbeispiele für die Internationalität der arabischen Vollblutzucht durch Verbindung verschiedenster Stämme und Familien

Stute „22-Miecznik-1" geb. 1952 in Ungarn	Polen	Polen	Polen
			Österreich
		Österreich	Ungarn
			ehemaliges Deutschland
	Ungarn	Ungarn	Ungarn
			Ungarn
		Ungarn	Ungarn
			Ungarn
Hengst „Adonah" geb. 1936 in Polen (letzter Standort DDR)	Polen	Polen	Arabien
			ehemaliges Rußland
		Österreich	Ungarn
			ehemaliges Rußland
	England	England	Ägypten
			England
		England	England
			England

sichtnahme auf seinen Verwendungszweck in der Landespferdezucht im Modell des Hochzuchtgebiets zu züchten, um die wertvollen Eigenschaften zu erhalten, bewegen sich die Differenzen der Exterieur- und Interieurmerkmale fast ausnahmslos in engen Grenzen. Aus dem allgemeinen Rahmen fallen lediglich die Zuchten, deren Produkte eine ausschließlich einseitige Auslese auf Rennleistung ähnlich dem System der Englischen Vollblutzucht erfahren, die sich jedoch, wie bereits ausgeführt wurde, nachteilig auf die Ausprägung der erwünschten typischen äußeren Merkmale der Arabischen Vollblüter auswirkt.

6. Einige Bemerkungen über den Einfluß auf die Warmblutzucht

Der Zweck der Reinzucht des Arabischen Vollblutpferdes liegt außerhalb der Arabischen Halbinsel heute vorwiegend in der Produktion geeigneter Hengste für die Warmblutpferdezuchten in vielen Ländern. Bilke hat sich mit dieser Problematik anläßlich der Schaffung eines „Gestütbuch für arabisches Vollblut" (ab 1. 1. 1944) eingehend befaßt.

Je nach dem Zuchtziel der jeweiligen Landespferdezucht ist der notwendige Anteil Arabischen Vollbluts geringer oder größer. In vielen Fällen besteht dort infolge der Wirksamkeit Arabischer Vollbluthengste über mehrere Generationen keine Notwendigkeit ihres ständigen Einsatzes. Daraus ergibt sich, daß die Arabischen Vollblutzuchten klein gehalten werden können, wie auch im vorhergehenden Abschnitt dargestellt wurde. Die Arabische Vollblutzucht hat also nicht die Aufgabe, die Stellung einer Landespferdezucht einzunehmen oder bestehende Warmblutpferderassen zu verdrängen, sondern sie soll den vorhandenen Warmblutrassen, auch einigen Kleinpferderassen, die Vorzüge in bezug auf physiologische Leistungsfähigkeit, Anspruchslosigkeit, Widerstandsfähigkeit, hohe Prägsamkeit und Tolerationsfähigkeit und den harmonischen Körperbau erhalten oder auch wiedergewinnen.

In allen pferdezüchtenden Ländern der Erde stellt sich in zunehmendem Umfang heraus, wie notwendig für das Sportpferd das ist, was den Vollblutaraber an speziellen Merkmalen so besonders auszeichnet: Ruhe im Stand und Gang, trotzdem aber schnelle Reaktionsfähigkeit, Energie und Kraft bei jeder, auch ohne Vorbereitung geforderten Leistung. Das Reitpferd erhält durch den Einfluß des Vollblutarabers dazu noch eine besondere Eignung zur Dressurfähigkeit, zur Wendigkeit und zur Gleichgewichtsverlagerung in jeder Situation unter dem Reiter (sogenanntes natürliches Gleichgewicht) und bringt durch seine relativ zur Widerristhöhe geringere Rumpflänge (um oder unter 100 % der Widerristhöhe) besonders gute Voraussetzung als Geländepferd mit. Zu allem kommt noch Schönheit und Anmut in Haltung und Bewegung. Die Eigenschaft ausgezeichneten Taxierens und günstiger Springveranlagung machen den Einsatz des Vollblutarabers bei der Züchtung von Spring- und Geländepferden wertvoll (z. B. UdSSR, Polen, Australien, USA).

Das Risiko beim züchterischen Arbeiten mit Arabischem Vollblut in der Warmblutzucht liegt in der zu starken Anhäufung, da mit dieser ein Rückgang der Widerristhöhe, des gesamten Rahmens und des Körpergewichts verbunden ist. Noch in der ersten Rückkreuzungsgeneration ($= R_1$), also bei nur noch 25 % Anteil Arabischen Vollbluts, ist die Größendepression deutlich erkennbar (Tab. 7 bis 11). Erst ab der zweiten Rückkreuzungsgeneration ($R_2 = 12{,}5$ % Arabisches Vollblut) werden die Höhenmaße der Original-Reinzuchtpopulation wieder erreicht, wenn auch die Streuung noch sehr groß ist. Aufgrund der vorliegenden internationalen Erfahrungen

Tabelle 7. Rumpfmaße Arabischer Vollbluthengste, die in der Warmblutzucht der DDR eingesetzt wurden. Maße in cm

Name Geburtsjahr Geburtsland	Widerrist- höhe	Brust- umfang	Vorder- brust- breite	Röhrbein- umfang
„Adonah" 1936 Polen	147,5	171,0	42,0	19,0
„Abu Afas" 1947 Polen	150,0	173,0	41,5	19,5
„Achmet I" 1949 DDR	147,0	165,0	37,0	18,0
„Achmet II" 1950 DDR	150,0	174,0	38,0	18,0
„Wesir" 1954 DDR	156,0	190,0	47,0	19,0

Tabelle 8. Einkreuzungsergebnisse aus Paarungen zwischen Arabischen Vollbluthengsten, „Achmet I“ und „Achmet II“ (1953/1954) und Edlen Warmblutstuten der DDR. Maße in cm (F l a d e)

	Reinzucht n = 56	F_1 n = 9	diff.-%	EW (DDR)[1] zum Vergleich n = 50
Widerristhöhe	160,5	157,6	—1,8	166,5
Kreuzbeinhöhe	160,2	158,6	—1,0	n. e.
Rumpflänge	164,8	154,9	—5,0	168,0
Brustumfang	194,4	183,9	—5,4	197,0
Brusttiefe	74,5	70,4	—5,5	77,4
Vorderbrustbreite	45,3	42,4	—6,4	n. e.
Hüftbreite	57,0	53,5	—6,1	n. e.
Röhrbeinumfang	21,3	19,7	—7,5	20,8

[1] Elite-Stutenschau 1981 Markkleeberg (agra)

Tabelle 9. Einzüchtungsergebnisse aus Paarungen zwischen dem Arabischen Vollbluthengst „Wesir“ (geb. 1954) und schwere Warmblutstuten. Maße absolut in cm und relativ in % der Widerristhöhe. Nach v. L e n g e r k e n

	„Wesir“		Mütter der F_1		F_1-Töchter		F_1-Söhne	
	cm	%	cm	%	cm	%	cm	%
Widerristhöhe	156,0	100,0	161,4	100,0	157,4	100,0	161,6	100,0
Kreuzbeinhöhe	154,0	98,7	158,4	98,1	158,2	100,5	160,8	99,5
Rumpflänge	157,0	100,7	171,4	106,2	162,8	103,4	162,0	100,2
Brustumfang	190,0	121,8	195,0	120,8	186,8	118,7	191,0	117,6
Brusttiefe	69,0	44,2	78,8	48,8	72,0	45,7	73,0	45,2
Vorderbrustbreite	47,0	30,1	48,4	30,0	43,4	27,6	45,2	27,9
Hüftbreite	58,0	37,2	62,8	38,9	56,6	36,0	56,0	34,7
Röhrbeinumfang	19,0	12,2	23,0	14,2	19,9	12,6	21,3	13,2

Tabelle 10. Einzüchtungsergebnisse aus Rückkreuzungen (R_1) mit Edlen Warmbluthengsten, gepaart an F_1-Generation aus Arabischen Vollbluthengsten und Edlen Warmblutstuten der DDR; Spalte Edles Warmblut (EW)-Reinzucht zum Vergleich. Maße in cm. Nach v. L e n g e r k e n 1965

		Alter				
		6 Monate	1 Jahr	2 Jahre	3 Jahre	volljährig
Widerristhöhe	R_1	135,2	146,7	157,9	160,0	160,6
	EW	135,8	147,4	158,0	161,8	163,3
Kreuzbeinhöhe	R_1	139,5	149,8	158,9	161,5	160,5
	EW	139,0	149,9	159,1	161,4	162,4
Rumpflänge	R_1	125,0	142,3	152,7	156,6	160,8
	EW	125,8	142,7	153,5	159,2	164,8

		Alter				
		6 Monate	1 Jahr	2 Jahre	3 Jahre	volljährig
Brustumfang	R_1	140,0	158,9	177,5	184,8	189,8
	EW	138,0	158,4	177,2	184,8	194,0
Brusttiefe	R_1	54,0	61,7	69,6	72,6	73,3
	EW	53,6	62,3	70,1	72,9	75,7
Vorderbrustbreite	R_1	32,5	36,6	39,7	40,6	42,6
	EW	33,4	37,4	40,7	42,6	44,9
Hüftbreite	R_1	37,4	44,9	50,6	54,1	56,3
	EW	37,5	44,4	50,6	54,5	57,9
Röhrbeinumfang	R_1	16,2	18,7	19,7	20,2	20,3
	EW	17,3	19,3	20,6	21,5	21,7

Tabelle 11. Einzüchtungsergebnisse aus Rückkreuzungen (R_1) mit Edlen Warmbluthengsten, gepaart an F_1-Generation aus Arabischen Vollbluthengsten und Edlen Warmblutstuten in der DDR; Spalte Edles Warmblut (EW)-Reinzucht zum Vergleich. Angaben in % der Widerristhöhe. Nach v. Lengerken 1965

		Alter				
		6 Monate	1 Jahr	2 Jahre	3 Jahre	volljährig
Kreuzbeinhöhe	R_1	103,2	102,1	100,7	100,9	99,9
	EW	102,4	101,7	100,7	99,7	99,5
Rumpflänge	R_1	92,4	97,0	96,8	97,9	100,1
	EW	92,6	96,8	97,2	98,4	100,9
Brustumfang	R_1	103,5	108,3	112,4	115,5	118,1
	EW	101,6	107,5	112,2	114,2	118,8
Brusttiefe	R_1	39,9	42,1	44,1	45,4	45,6
	EW	39,4	42,3	44,3	45,1	46,3
Vorderbrustbreite	R_1	24,0	24,9	25,1	25,3	26,5
	EW	24,6	25,4	25,7	26,3	27,5
Hüftbreite	R_1	27,6	30,6	32,1	33,8	35,1
	EW	27,6	30,1	32,0	33,6	35,4
Röhrbeinumfang	R_1	12,0	12,7	12,5	12,6	12,7
	EW	12,7	13,1	13,0	13,2	13,3

ist der Anteil Arabischen Vollbluts in Warmblutpopulationen mit 6–8 % optimal, da im Regelfall die Größenentwicklung der Ausgangsrasse erreicht wird und zugleich die positiven Exterieurmerkmale des Vollblutarabers, wie z. B. seine Gleichgewichtshaltung sowie seine wertvollen Interieureigenschaften in hohem Grad wirksam sind (Abb. 42 u. 43).

Der Nachteil der kleinen Wuchsform des Vollblutarabers wirkt sich vor allem dort negativ aus, wo die Forderung nach einer bestimmten Mindestgröße gestellt werden muß, z. B. bei der Züchtung von Hochleistungssportpferden. Bei vielen Warmblutzuchten Osteuropas, Mittel- und Vorderasiens oder Nordafrikas (s. Tab. 14) ist dagegen weniger die Erzielung großer Pferde das Ziel der Züchtung, sondern die Erzeugung von Pferden, die äußerst hart und anspruchslos, ausdauernd und sicher unter dem Reiter sind und sich unter ungünstigen Klima- und Haltungsbedingungen bewähren. Hier ist also ein höherer Anteil von Arabischem Vollblut in den Landeszuchten wünschenswert und auch vorhanden. Deswegen sind gerade diese Gebiete auch Träger stärkerer Vollblutzuchten, aus denen die benötigten zahlreichen Hengste als Beschäler für die Landespferdezuchten hervorgehen, deren Qualität und spezielle Eignung sie erhalten bzw. verbessern.

Aus dieser Problematik ergibt sich, daß es außerordentlichen züchterischen Geschicks und genauer Sachkenntnis bedarf, um mit sicherem Erfolg Arabische Vollbluthengste in einer Warmblutzucht zur Produktion von Sportpferden einzusetzen. Schwark und Petzold ermittelten in langjährigen Untersuchungen den Einfluß der Einkreuzung von Arabischen Vollbluthengsten in Haflinger Stuten (F_1 n = 33, R_1 = 69, R_2 n = 24), die seit 1969 erfolgte. Aus ihren Analysen sind sinngemäß die gleichen Schlußfolgerungen zu ziehen. Im Rahmen dieser Arbeit ist es nicht möglich, auf die Vielfalt der Aufgaben, die dem Züchter dabei gestellt sind, auch nur annähernd einzugehen. Es ist auch die dazugehörige umfangreiche Literatur deshalb nicht verzeichnet.

7. Aussehen und Gestalt

Das Arabische Vollblutpferd ist im Hinblick auf den Körperbau, die Größe, die Gedrungenheit und Rumpfigkeit, auf Gewicht, Bemuskelung usw. ein besonderes Produkt des Einflusses Jahrtausende alter Hochleistungsrassen sowie seiner die Haltung und Fütterung bestimmenden Umgebung. Es ist wie kaum eine andere Pferderasse infolge seiner Anspruchslosigkeit bzw. Futterdankbarkeit äußerst empfänglich für bessere und intensivere Aufzucht und Ernährung, die es mit entsprechend stärkerem Körperbau, größerem Wuchs und dem Rückgang der Typtreue quittiert, wenn nicht an der überlieferten Aufzuchtmethode unter Verwendung reinblütiger („Vollblut“) Vorfahren festgehalten wird. Das zu tun sind nahezu alle Zuchtstätten für Arabisches Vollblut bemüht, damit die physiologischen Vorzüge des Vollblutarabers erhalten bleiben, deretwegen ja vor allem seine Zucht erfolgt.

Aufgrund des relativ kleinen Wuchses und Rahmenmaßes sowie des speziellen Typs, wird der Vollblutaraber in die Pferderassen nach bestimmten Gesichtspunkten eingeordnet. Die Tabellen 12 bis 14 zeigen die auch von der Herkunft des Arabischen Vollblutpferdes her gesehen wissenschaftlich vielseitig begründete Auffassung, wie sie von sowjetischen und polnischen Autoren vertreten wird, sich im übrigen auch in anderer Literatur wiederfindet. In den Tabellen werden auch die genetischen und Umweltbeziehungen zwischen den Rassen sichtbar. Frühzeitig werden im arabischen Schrifttum und von europäischen Reisenden Schönheit, Leistungsvermögen und Verhalten des Arabischen Vollblüters beschrieben. Das geschah mit Poesie ebenso wie mit der zur jeweiligen Zeit möglichen Objektivität. Die nachfolgenden Beispiele sollen darüber berichten. Imru'ulkais (gestorben zwischen 530 und 540) sieht die arabische Stute so:

Tabelle 12. Stellung des Arabischen Vollblutpferdes innerhalb der sowjetischen Vielseitigkeitsrassen mit vorwiegend Reiteignung. Körpermaße in cm. Nach B a r m i n z e v

Rasse	Widerristhöhe		Brustumfang		Röhrbeinumfang	
	♂	♀	♂	♀	♂	♀
Englisches Vollblut	162,8	159,6	184,8	184,3	20,1	19,4
Budjonny	163,4	161,8	188,8	189,4	20,6	20,1
Trakehner	165,3	161,6	192,7	191,0	21,6	20,6
Ukrainer	163,5		188,3		20,6	
Vollblutaraber	153,8	151,4	177,7	177,7	19,3	18,7
Tersker Pferd	153,3	150,8	177,7	177,2	19,4	18,7

Tabelle 13. Stellung des Arabischen Vollblutpferdes innerhalb der hochgezüchteten Steppenrassen der UdSSR hinsichtlich seines Exterieurs. Körpermaße in cm. Nach B a r m i n z e v

	Arabisches Vollblutpferd	Tersker Pferd	Achal-Tekinsker Pferd
Widerristhöhe			
Hengste	153,8	153,3	155,2
Stuten	151,4	150,8	152,0
Brustumfang			
Hengste	177,7	177,7	169,2
Stuten	177,7	177,2	167,8
Röhrbeinumfang			
Hengste	19,3	19,4	19,1
Stuten	18,7	18,7	18,3

Tabelle 14. Stellung des Arabischen Vollblutpferdes innerhalb der Rassen und Typen von Reitpferden nach polnischer Auffassung. Körpermaße in cm. Nach Z w o l i n s k i

Rasse	Widerristhöhe	Röhrbeinumfang
Persisches Pferd	erloschen	
Turkmenisches Pferd	155—162	—
Achal-Tekinsker Pferd	152—155	18—19
Karabachisches Pferd	139—142	<18
Vollblutaraber	148—151	18—19
Berber	142—154	—
Polnisches Halbblutpferd	159—161	19—21

„Sie hat zwei Schenkel mit feinen Gelenken,
mit abgeschwundenen Fleisch an den Waden.
Sie hat eine Kruppe wie der Fels des Wasserfalls,
den geglättet hat ein Wasserschwall,
ein dahineilender.

Sie hat einen Schweif gleich der Schleppe der Braut;
sie verdeckt damit ihren Spalt von hinten.
Sie hat zwei Lenden fest im Fleisch,
so wie sich niederduckt auf seine Pranken der Panther.
Sie hat eine Nackenmähne gleich den Locken der Frauen,
welche verwirrt wird am Tage des Windes und des Frostes.
Sie hat eine Nüster wie die Höhle der Hyänen,
mit der sie schnaubt, wenn sie angestrengt wird.
Sie hat ein achtsames volles Auge,
ihre Augenwinkel werden von hinten gespalten
und sie läuft, wie die Gazellen um ihre Rettung laufen,
es verfehlt sie der geschickte Schleuderer . . ."

Der größte ungarische Dichter des 17. Jh., Miklós Zrinyi (1620 bis 1664 – er wurde von einem Wildeber tödlich verletzt), beschrieb den „Saracener" in einem Gedicht („Adriai tengerek syrenái") etwa so:

. . . „Am zehnten Tag des Monats Sankt Johannes
aus Konstantinopel brach auf Soliman . . . . .

Hoch zu Roß auf einem saracenischen Rappen,
kein Künstler könnte einen schöneren malen.
Die Füße berühren den Boden nicht – meinst Du erst –,
so leise werden sie einzeln aufgesetzt (vgl. Sonipes = Lautfüßler, S. 72).

Die blutfasrigen Augen weit hervortretend,
am trockenen Häuptlein die Stirne breit stehend,
den Atem – gleich Feuer – sprühen die Nüstern,
schäumend das Maul, wie das der Seegötter.

Am hochtragenden Hals das Haupt gesenkt,
die kurze, seidene Mähne vom Wind gelenkt,
die breite Brust wie im Elfenbereich,
Huf und trockene Sehnen einem Hirsche gleich.

Ruhig und sittsam den Kaiser tragend,
doch vom Menschen gereizt, den Blitz erjagend,
schnellt es in die Höhe, gleich dem Falken
oder Marder am Ast im baumreichen Walde."

Später gibt es zahlreiche, sachlichere Charakteristiken, u. a. die von Brown (1831), der sehr sorgfältig den „reinen Araber" beschreibt:

„Der Kopf ist äußerst schön geformt, sauber, und zwischen den Kiefern weit; die Stirn ist breit und viereckig, das Gesicht eben, die Schnauze kurz und fein, die Augen vorspringend und glänzend, die Ohren klein und nett, die Nasenlöcher groß und offen, die Haut am Kopf dünn, so daß man die Hautvenen deutlich darunter sehen kann, der Hals eher kurz als lang, der Rumpf im Allgemeinen etwas zu leicht, und die Brust ziemlich eng; doch erweitert sich hinter den Schultern der Brustraum bedeutend, so daß die Lunge unter den stark gebogenen Rippen viel Spielraum hat. Die

Schulter ist schöner, als bei irgend einer anderen Race; das Schulterblatt neigt sich beinahe unter einem Winkel von 45° nach hinten; der Widerrist ist hoch und gewölbt, der Hals schön gekrümmt; Mähne und Schweifhaare lang, dünn und wellenförmig; die Beine sind fein, abgeplattet und sehnig; die hinteren stehen etwas schräg, woher manche geschlossen haben, daß sie dadurch an Stärke verlören, was aber keineswegs der Fall ist; das Knochengewebe ist ungewöhnlich dicht, und die hervorragenden Muskeln der Vorarme und Schenkel beweisen, daß man dem arabischen Pferde nicht zu viel physische Kraft nachgerühmt habe. In einem tropischen Klima hat der Araber von der Spitze des Sprunggelenks bis zur Fessel immer äußerst vollkommen gebildete Beine. Merkwürdig ist der Umstand, daß die Haut aller hellhaarigen Araber entweder rein schwarz oder bläulich-schwarz ist, daher die arabischen Schimmel jene schöne silbergraue Farbe haben, welche man an Vollblutschimmeln überhaupt bemerkt. Füchse und Braune sind ebenfalls häufig und gelten für gut . . .“

Aus den vorstehenden Aussagen und den in den nachfolgenden Abschnitten enthaltenen Analysen wird deutlich, wie konstant sich Exterieur- und offensichtlich auch Interieurmerkmale des Arabischen Vollblutpferdes über wenigstens fast 1500 Jahre erhalten haben. Diese typischen Eigenschaften, die auch heute den Vollblutarabern gemeinsam sind, werden anhand von Abbildungen und Tabellen beschrieben und verglichen.

7.1. Rumpf und Gliedmaßen

Der Vollblutaraber ist im Verhältnis zu Warm- und Kaltblutpferden sowie auch dem Englischen Vollblutpferd gegenüber kleiner, im Durchschnitt 10–15 cm. Aus den Tabellen 15 bis 18 und der Abb. 82 geht hervor, daß die Widerristhöhe des Vollblutarabers in den europäischen Zuchten zwischen 147 und 153 cm liegt. Es zeigt sich

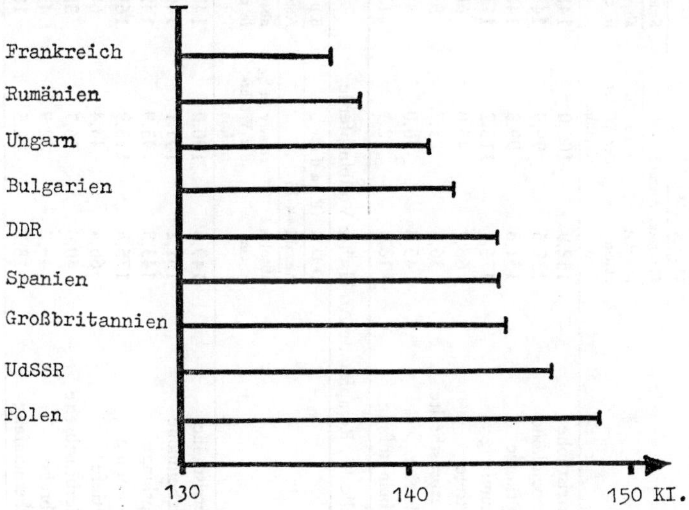

Abb. 81. Stärke und Rumpfigkeit der Vollblutaraber in verschiedenen Staaten; ausgedrückt im Kaliberindex (KI)

Tabelle 15. Rumpfmaße Arabischer Vollblutpferde, getrennt nach Hengsten und Stuten. Nach Müller und Flade

Maße	DDR (Müller)				Polen (Flade)			
	Hengste, Anzahl = 8		Stuten, Anzahl = 24		Hengste, Anzahl = 46		Stuten, Anzahl = 42	
	absolut in cm	relativ in % der Wideristhöhe	absolut in cm	relativ in % der Widerristhöhe	absolut in cm	relativ in % der Widerristhöhe	absolut in cm	relativ in % der Widerristhöhe
Widerristhöhe	152,9	100,0	148,3	100,0	149,2	100,0	147,5	100,0
Kreuzbeinhöhe	152,5	99,9	148,3	100,0	149,7	100,3	148,8	100,8
Rumpflänge	151,8	99,3	146,3	98,7	143,3	96,1	147,0	99,7
Brustumfang	176,1	115,2	175,3	118,2	175,3	117,5	176,5	119,7
Brusttiefe	68,9	45,0	68,6	46,3	67,0	44,9	66,5	45,1
Vorderbrustbreite	36,3	23,7	35,3	23,8	41,7	27,9	36,5	24,1
Hüftbreite	45,8	30,0	45,9	31,0	50,0	33,5	50,3	34,1
Röhrbeinumfang	18,6	12,1	17,7	11,9	19,1	12,8	17,8	12,1

Tabelle 16. Rumpfmaße Arabischer Vollblutpferde

Maße	DDR (Flade)		Spanien (Pozo Lora)		Ungarn (Flade)		Polen (Flade)	
	Anzahl = 16		Anzahl = 96		Anzahl = 10		Anzahl = 40	
	absolut in cm	relativ in % der Widerristhöhe	absolut in cm	relativ in % der Widerristhöhe	absolut in cm	relativ in % der Widerristhöhe	absolut in cm	relativ in % der Widerristhöhe
Widerristhöhe	149,6	100,0	147,6	100,0	153,2	100,0	148,4	100,0
Kreuzbeinhöhe	151,2	101,1	146,9	99,5	149,5	95,8	149,5	100,7
Rumpflänge	143,5	95,9	142,3	96,4	150,8	98,4	145,1	95,8
Brustumfang	175,8	118,9	169,7	115,0	180,1	117,6	175,9	118,5
Brusttiefe	66,4	44,4	60,4	43,4	70,5	46,0	66,8	45,0
Vorderbrustbreite	40,0	26,7	38,1	25,8	39,9	26,0	39,1	26,3
Hüftbreite	49,2	32,9	43,6	29,5	51,8	33,8	50,2	33,8
Röhrbeinumfang	18,7	12,5	18,7	12,7	18,4	12,0	18,5	12,5

Tabelle 17. Rumpfmaße Arabischer Vollblutpferde im Staatsgestüt Tersk/UdSSR, verglichen mit der Zucht in Polen, in Frankreich und Großbritannien. Nach Barminzev

Standort	Hengste				Stuten			
	Anzahl	Widerristhöhe in cm	Brustumfang in cm	Röhrbeinumfang in cm	Anzahl	Widerristhöhe in cm	Brustumfang in cm	Röhrbeinumfang in cm
Tersk/UdSSR	52	153,8	177,7	19,3	91	151,4	177,7	18,7
Polen	7	151,6	177,6	19,3	61	148,4	172,4	18,2
Frankreich	1	156,0	180,0	19,0	6	149,8	174,3	18,3
Großbritannien	6	150,6	174,8	18,7	19	151,2	174,1	18,5

Tabelle 18. Variationsbreite wichtiger Körpermaße in cm bei Arabischen Vollblutpferden in der DDR. Nach Scheiber und Müller

	Hengste Anzahl = 8		Stuten Anzahl = 24	
	Ø	Variationsbreite	Ø	Variationsbreite
Widerristhöhe	152,9	152—156	148,3	142—157
Rückenhöhe	144,7	141—149	140,1	134—148
Kreuzbeinhöhe	152,5	148—157	148,3	141—156
Schweifansatzhöhe	142,1	138—150	136,5	131—142
Rumpflänge	151,8	149—159	146,3	140—154
Brusttiefe	68,9	65— 73	68,6	64— 76
Rippenbrustbreite	41,8	39— 47	41,8	36— 47
Vorderbrustbreite	36,3	35— 43	35,3	32— 40
Kruppenlänge	47,5	45— 53	46,3	43— 50
Hüftbreite	45,8	42— 54	45,9	42— 50
Kopflänge	53,6	52— 57	52,6	50— 57
Stirnlänge	23,9	22— 28	23,3	21— 25
Stirnbreite	21,4	18— 24	19,4	17— 24
Ganaschenhöhe	21,5	20— 26	21,4	20— 25
Ganaschenabstand	13,9	12— 18	12,7	10— 15
Brustumfang	176,1	170—189	175,3	162—186
Oberer Halsumfang	77,1	72— 83	71,0	65— 79
Unterer Halsumfang	114,3	108—122	106,7	100—114
Mittlere Halslänge	69,4	64— 75	67,0	63— 73
Röhrbeinumfang	18,6	17— 21	17,7	17— 19

Tabelle 19. Modellveränderung bei der Zucht von Vollblutarabern in Polen. Nach Flade

Körpermaße	Jahrgänge 1899 bis 1929 Anzahl = 88		Jahrgänge 1936 bis 1956 Anzahl = 40	
	absolut in cm	relativ in % der Widerristhöhe	absolut in cm	relativ in % der Widerristhöhe
Widerristhöhe	149,5	100,0	148,4	100,0
Kreuzbeinhöhe	148,9	99,6	149,5	100,7
Rumpflänge	147,1	96,4	145,1	95,8
Brustumfang	169,7	113,5	175,9	118,5
Brusttiefe	65,0	43,6	66,8	45,0
Vorderbrustbreite	34,6	23,2	39,1	26,3
Hüftbreite	47,2	31,6	50,2	33,0
Röhrbeinumfang	20,0	13,4	18,5	12,5

Tabelle 20. Ausgewählte Körpermaße von Arabischen Vollblutstuten, die 1985 und 1987 im polnischen Gestüt Janów Podlaski zur Versteigerung nach Westeuropa und Amerika kamen

Jahr	n	∅ Widerristhöhe (WH) in cm	∅ Brustumfang in cm	∅ Brustumfang in % WH	∅ Röhrbeinumfang in cm	∅ Röhrbeinumfang in % WH
1985	26	150,2 (146—154)	181,1 (170—198)	120,6	18,25 (18—19)	12,15
1987	32	149,6 (146—155)	177,6 (169—188)	118,7	18,40 (17,5—19,5)	12,30

Tabelle 21. Widerristhöhe von Vollblutarabern, die als Elitehengste 1985 und 1987 in polnischen Gestüten eingesetzt waren

Jahr	n	∅ Widerristhöhe (WH) in cm	min-max WH in cm
1985	13	151,92	149—154
1987	12	152,67	151—156
Gesamt	25	152,28	149—156

Tabelle 22. Verhältnis der Länge von Unterarm und Röhrbein bei Pferden verschiedener Rassen (Skelettmessungen). Nach v. H a u p t

Rasse	Verhältnis Unterarmlänge	:	Röhrbeinlänge
Arabisches Vollblutpferd	1,82		1,0
Belgisches Kaltblutpferd	1,80		1,0
Przewalski-Wildpferd	1,74		1,0

dabei, daß die Länder, die Pferde des besonders leichtfuttrigen Saqlawi-Typs bevorzugen, in der Regel etwas größere Vollblutaraber züchten. Hierbei treten auch innerhalb bestimmter Zeitabschnitte Unterschiede auf, wie am Beispiel der polnischen Zucht in Tabelle 19 erläutert wird. Im ganzen ergibt sich eine durchschnittliche Widerristhöhe von 150 cm. Die Kreuzbeinhöhe macht diese Entwicklung mit und beträgt allgemein knapp 100 % der Widerristhöhe.

Das Gewicht des erwachsenen Vollblutarabers liegt bei 400–450 kg, damit um 150 kg unter den des DDR-Warmblut-Standards, des Hannoveraners oder anderer typischer Reitpferderassen. Die Variationsbreite der Körpermaße ist bedeutend, so daß zielgerichtete Selektionen in Richtung auf erwünschte Merkmale möglich und aussichtsreich sind (Tab. 18).

Die Relationen für die Brusttiefe, Vorderbrustbreite und Hüftbreite sind mit de-

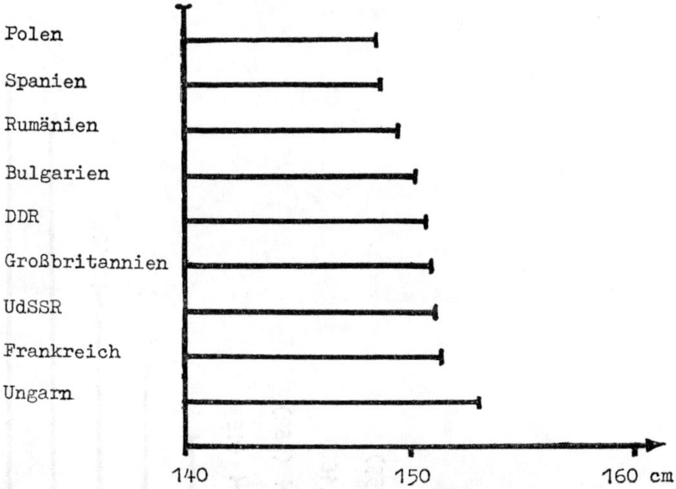

Abb. 82. Größe der Vollblutaraber in verschiedenen Staaten (Widerristhöhe in cm)

nen bei den Warmblutschlägen vergleichbar, nicht aber die für den Brustumfang, dessen Entwicklung auch im Verhältnis etwas geringer ist. Dagegen ist der Umfang des Röhrbeins zur Widerristhöhe betrachtet beim Vollblutaraber kaum geringer als bei Warmblutpferden (Tab. 7–12, 14 usw.). Um die Möglichkeit einer klaren Übersicht über die Rumpfigkeit zu haben, wurde in den Abb. 81 und 83 von der Berechnung eines Kaliberindex (KI)

$$KI = \frac{\text{Brustumfang}}{\text{Widerristhöhe}} \times \frac{\text{Röhrbeinumfang}}{\text{Widerristhöhe}} \times 100$$

Gebrauch gemacht, der die Rumpf- und Fundamentstärke in ihrem Verhältnis zur Widerristhöhe erfaßt. Entsprechend den bevorzugten Typen schwanken die Werte für die einzelnen Zuchten zwischen KI 137 und 148 (Abb. 81), wobei die vorwiegend den Kuhaylan-Typ züchtenden Länder die niedrigeren Werte aufweisen. Den Vergleich zu anderen Rassen und Schlägen ermöglicht die Abb. 83. Logischerweise müßte der Arabische Vollblüter dort an unterster Stelle stehen; nur durch die einseitige Auslese auf Rennleistung, die mit einer geringeren Rumpfigkeit gepaart ist, liegt das ursprünglich weitgehend auf orientalischer Grundlage entwickelte Englische Vollblutpferd noch um 8 Einheiten darunter. Die extrem hohen Werte nehmen selbstverständlich nach den edlen Warmblütern die schweren Warmblutpferde – ehem. Oldenburger, Ostfriesen vor dem Umzüchtungsprozeß – und die Kaltblutpferde ein. Das noch dem Kaltbluttyp nahestehende Shetlandpony liegt dementsprechend hoch, während der polnische Konik deutlich sein dem Araber angenähertes Modell und seinen Typ im Kaliberindex zum Ausdruck bringt.

Die Maße für die absolute Brusttiefe entsprechen, im Verhältnis zur Größe gesehen, denen für die Warm- und Kaltblutpferde. Sie liegen jedoch trotzdem nicht

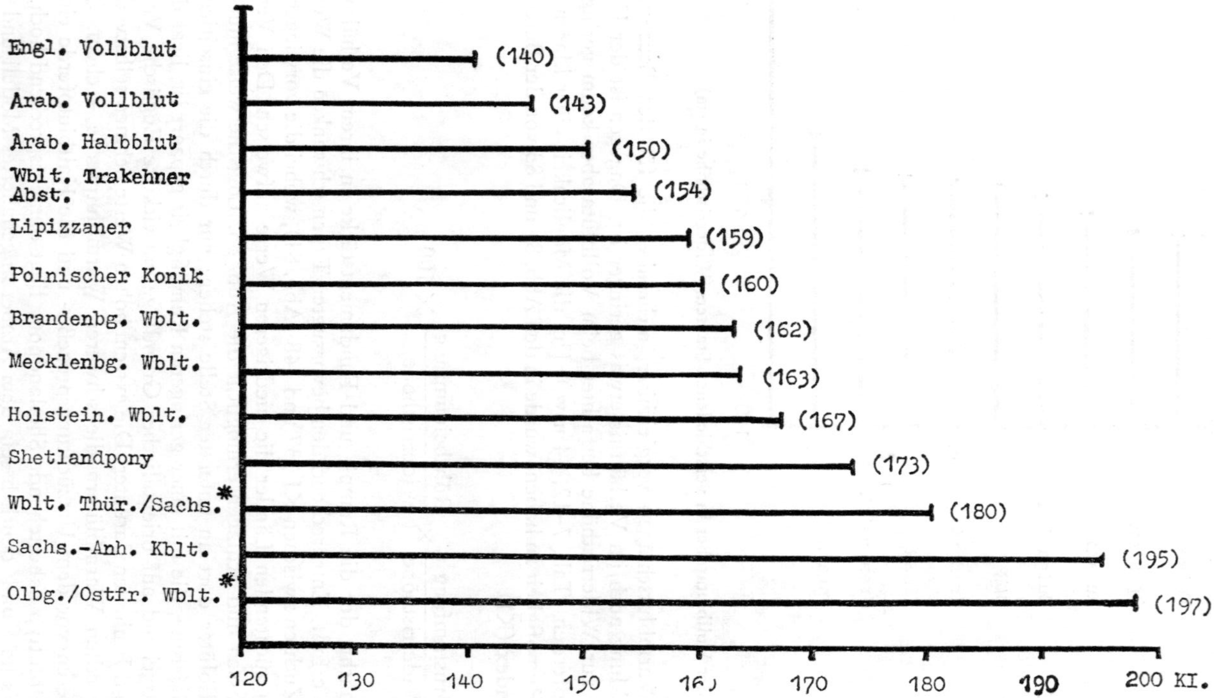

Abb. 83. Stärke und Rumpfigkeit verschiedener Rassen und Schläge, ausgedrückt im Kaliberindex (KI)
* vor dem Umzüchtungsprozeß auf das Sportpferdemodell

Tafel 1. „Dahoman IX", Hengst, Arabisches Halbblut, geb. 1954, v. Dahoman IV, a. 601 Shagya VII-2. Züchter: Staatsgestüt Topolcianky/ČSSR. Aufn. Verfasser 1973

Tafel 2. Berber. Diese Rasse entwickelte sich im 8. Jh. aus einheimischen numidischen Pferden, die im Zuge der Ausbreitung des Islam durch die Araber mit deren orientalischen Pferden gekreuzt wurden. Bis heute hat der Berber seine Eigenständigkeit und große Bedeutung, vor allem für Nord- und Nordwestafrika, bewahrt. Nach einem Gemälde von E. Volkers

Tafel 3. Ägypter. Diese Rasse ist als Nachfahre des alten oberägyptischen Pferdes, auch Dongola- oder Nubisches Pferd genannt, anzusehen. Es ähnelt den sudanesischen Rassen, die bis nach Äthiopien verbreitet sind. In Ägypten ist es nur noch in kleinen Beständen vorhanden. Nach einem Gemälde von E. Volkers

Tafel 4. „Partner", Hengst, Arabisches Vollblut, geb. 1970, v. Eleuzis, a. Parma v. Aswan. Züchter: Staatsgestüt Janów Podlaski, Polen. Aufn. Verfasser 1978

über 46 % der Widerristhöhe (Tab. 15). Es ist darauf zurückzuführen, daß im allgemeinen eine etwas größere Unterarmlänge beim Vollblutaraber im Vergleich mit der des Röhrbeins vorhanden ist, als bei anderen Pferden beobachtet werden kann. Allerdings sind die Differenzen nur klein, wie bei Skelettmessungen festgestellt wurde (Tab. 22).

Die Rumpflänge ist beim Arabischen Vollblutpferd im Verhältnis beispielsweise zu unseren Warmblutpferden relativ kurz und erreicht in der Regel nicht 100 % des Wertes für die Widerristhöhe. Sie entspricht damit zugleich auch den diesbezüglichen Forderungen an das heutige Reitpferdemodell. In den Tabellen 15, 16 u. 19 sind die Rumpflängen mit 96 bis 98 % zur Widerristhöhe angegeben. Die niedrigen Relativwerte für die Rumpflänge gehen zu Lasten der Lendenpartie.

Die Kruppenlänge ist die gleiche wie beim Warmblutpferd, so daß also der Vollblutaraber grundsätzlich einen kürzeren Rücken im Verhältnis zur Kruppenlänge aufweist, wenn man ihn z. B. Pferden des DDR-Warmblut-Standards gegenüberstellt. Skelettmessungen (v. Haupt) haben ergeben, daß auch die Halswirbelsäule beim Vollblutaraber im Verhältnis zur Rückenwirbelsäule länger ist als z. B. beim Kaltblutpferd oder Przewalski-Wildpferd und nur noch von Pferden mit hohem Englischen Vollblutanteil übertroffen wird (Tab. 23).

Tabelle 23. Verhältnis der Länge von Hals- und Rückenwirbelsäule bei Pferden verschiedener Rassen (Skelettmessungen). Nach v. Haupt

Rasse	Verhältnis Halswirbelsäule	:	Rückenwirbelsäule
Arabisches Vollblutpferd	1,0		1,25
Belgisches Kaltblutpferd	1,0		1,34
Przewalski-Wildpferd	1,0		1,39

Auf diese Weise läßt sich auch die Auffassung bestätigen, daß das Arabische Vollblutpferd exterieurmäßig sehr weit vom Przewalski-Wildpferd entfernt ist. Es steht ihm, wenigstens unter dem Gesichtspunkt der vorhandenen Körperharmonie, ferner als das Kaltblutpferd.

Die Verhältnisse der vorstehend analysierten Längenmaße zueinander entsprechen auch der von den Beduinen geforderten Modellausprägung, die offensichtlich ihren Erfahrungen entspricht. Darauf haben u. a. schon Abdel Kader, später auch Seydel hingewiesen. Die Abb. 84 gibt dazu Auskunft und zeigt die zwei traditionellen Methoden, auf die Schiele eingeht. Die Ermittlung erfolgt mit einem nicht nachgebenden Seidenfaden, der der jeweiligen Körperlinie folgt. Das Ergebnis hat demzufolge nur Annäherungswert, auch durch die nicht genaue Fixierung der Meßpunkte.

1. Ermittlungsmethode:

A = Genick bis Mitte des Widerristes
B = Mitte des Widerristes bis Schweifansatz

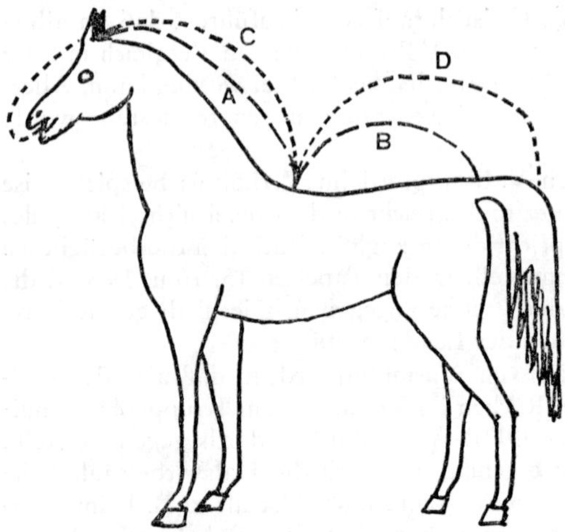

Abb. 84. Kriterien der Beduinen für die Pferdebeurteilung. Nach Schiele

Schlußfolgerungen:

A < B: Pferd entspricht nicht den Forderungen
A = B: Pferd entspricht den Forderungen
A > B: Pferd entspricht den Forderungen sehr gut

2. Ermittlungsmethode:

C = Oberlippe, zwischen den Ohren bis Mitte des Widerristes
D = Mitte des Widerristes bis Ende der Schweifrübe

Schlußfolgerungen:

C < D: Pferd entspricht nicht den Forderungen
C = D: Pferd entspricht den Forderungen, ist jedoch nur durchschnittlich schnell.
C > D: Pferd entspricht den Forderungen sehr gut und ist sehr schnell.

Die Beurteilung des Typs hängt weitestgehend von den Proportionen (Abb. 84) und der Kopfform des Araberpferdes (Kapitel 7.2.) ab. Das geht auch aus den Untersuchungen von Ström und Philipsson (Tab. 24) hervor, die die phänotypischen Korrelationen einiger Merkmale ermittelten und dabei feststellten, daß mit

Tabelle 24. Phänotypische Korrelationen zwischen verschiedenen Merkmalen beim Arabischen Vollblutpferd (n = 1231). Nach Ström und Philipsson

Merkmal	(Koeffizient)	Arabertyp	Röhrbeinumfang	Kopf/Hals	Extremitäten	Oberlinie/Kruppe
Arabertyp	(6)	1	0,31	0,70	0,29	0,44
Röhrbeinumfang	(3)		1	0,24	0,29	0,26
Kopf/Hals	(3)			1	0,25	0,36
Extremitäten	(3)				1	0,30
Oberlinie/Kruppe	(3)					1

0,70 die Kopf/Hals-Partie und mit 0,44 die Oberlinie einschließlich Kruppe den Arabertyp bestimmen.

Der Röhrbeinumfang entspricht in seiner Entwicklung mit etwa 12,5 % der Widerristhöhe dem bei Warmblutpferden mit Ausnahme der Oldenburger und Ostfriesen. Hierbei ist noch zu bemerken, daß der Arabische Vollblüter ein ganz feines Unterhautbindegewebe und keine starke Behaarung sowie eine ganz feste Auflage der Sehnen an den Extremitäten aufweist, ähnlich den Englischen Vollblutpferden. Das Verhältnis zwischen den am lebenden Tier und an dessen Skelett gemessenen Werten für den Röhrbeinumfang ist deshalb beim Arabischen Vollblüter etwas enger als z. B. beim Kaltblutpferd und ähnelt den bei dem hoch im Blut (Vollblut) stehenden Trakehner Warmblutpferd gegebenen Verhältnissen. Hierbei ist ein beträchtliches Abweichen unserer Hauspferde vom Przewalski-Wildpferd zu erkennen (Tab. 25). Selbstverständlich ist mit der Angabe des Röhrbeinumfangs nichts über dessen Festigkeit gesagt; hierbei spielt auch die Knochenkonsistenz eine Rolle.

Tabelle 25. Vergleichende Betrachtung zum Röhrbeinumfang (Lebend- und Skelettmessungen). Nach v. Haupt

Rasse	Röhrbeinumfang			
	am lebenden Tier in cm	am Skelett in cm	Verhältnis Skelettmaß	: Lebendmaß
Przewalski-Wildpferd	14,0	9,8	1	1,43
Warmblut Trakehner Abst.	20,8	12,5	1	1,66
Arabisches Vollblutpferd	17,0	10,1	1	1,68
Belgisches Kaltblutpferd	29,0	17,0	1	1,71

Die Länge der Schweifrübe ist beim Vollblutaraber absolut und auch im Verhältnis zu der anderer Pferderassen kürzer, da nur 14 bis 18 Schweifwirbel vorhanden sind, während die Warm- und Kaltblutpferde 16 bis 20 aufweisen. Die beiden ersten Schweifwirbel liegen an der unteren Kreuzbeinkante (Seydel) im Gegensatz zu anderen Pferderassen, bei denen sie sich an der oberen Kreuzbeinkante befinden. Daraus ergibt sich das für den Vollblutaraber typische horizontale Tragen des Schweifes (Abb. 19 und andere).

7.2. Kopf

Die Gestaltung des Kopfes ist einmalig charakteristisch für den echten Vollblutaraber und bei der Beurteilung des jeweiligen Typs hauptsächlichstes Kriterium (Abb. 66 bis Abb. 74).

Nach den Angaben der Tabellen 26 u. 27 hat der Arabische Vollblüter einen absolut und im Verhältnis zur Widerristhöhe auch relativ kleinen Kopf. Besonders die Kopflänge ist bei weitem geringer als z. B. beim Kaltblutpferd. Sie beträgt nur etwa 35–37 % der Widerristhöhe, wobei die Köpfe der Kuhaylan-Typen die niedrigsten Werte aufweisen. Das Verhältnis von Kopflänge zu Stirnbreite und Stirnlänge zu

Tabelle 26. Kopfmaße des Vollblutarabers im Vergleich zu anderen Rassen. Nach Flade

	Vollblut-araber Anzahl = 7		Warmblutpferd (Trakehner Abst.) Anzahl = 55		Kaltblutpferd (Mecklenburger) Anzahl = 105	
	in cm	in %	in cm	in %	in cm	in %
Kopfmaße im Verhältnis zur Widerristhöhe						
Widerristhöhe	148,9	100	160,1	100	159,5	100
Kopflänge	54,6	37	61,3	38	68,2	43
Stirnlänge	24,6	17	72,6	17	29,9	19
Stirnbreite	20,8	14	23,1	14	25,2	16
Kopfmaße im Verhältnis zur Kopflänge						
Kopflänge	54,6	100	61,3	100	68,2	100
Stirnlänge	24,6	45	27,6	45	29,9	44
Stirnbreite	20,8	38	23,1	38	25,2	37
Kopfmaße im Verhältnis zur Stirnlänge						
Stirnlänge	24,6	100	27,6	100	29,9	100
Stirnbreite	20,8	85	23,1	84	25,2	84

Tabelle 27. Kopfmaße von Arabischen Vollblutpferden

	DDR (Flade) Anzahl = 16		Spanien (Pozo Lora) Anzahl = 96		Ungarn (Flade) Anzahl = 10		Polen (Flade) Anzahl = 40	
	in cm	in %	in cm	in %	in cm	in %	in cm	in %
Kopfmaße relativ zur Widerristhöhe								
Widerristhöhe	149,6	100	147,6	100	153,2	100	148,4	100
Kopflänge	54,8	36,6	52,3	35,4	56,9	37,1	55,0	37,1
Stirnlänge	24,6	16,4	—	—	27,3	17,8	25,0	16,8
Stirnbreite	20,6	13,8	20,9	14,2	20,7	13,5	21,3	13,7
Kopfmaße relativ zur Kopflänge								
Kopflänge	54,8	100	52,3	100	56,9	100	55,0	100
Stirnlänge	24,6	44,9	—	—	27,3	48,0	25,0	45,5
Stirnbreite	20,6	37,6	20,9	40,0	20,7	36,4	21,3	38,7
Kopfmaße relativ zur Stirnlänge								
Stirnlänge	24,6	100	—	—	27,3	100	25,0	100
Stirnbreite	20,6	83,7	—	—	20,7	75,8	21,3	85,2

Stirnbreite ist gegenüber anderen Pferderassen kaum verändert. Der Eindruck eines breiten Kopfes entsteht besonders durch die weit voneinander angesetzten Ohren (Abb. 63), die starken Jochbeine mit scharfen Konturen und den verhältnismäßig weiten Kehlgang.

Die Schädelkapazität (Tab. 28) liegt beim Araber nicht nur relativ, sondern trotz

Tabelle 28. Schädelkapazität im Verhältnis zum Lebendgewicht. Berechnet nach Unterlagen von Barahmi, Haustiergarten der Universität Halle/Saale

Rasse	Lebendgewicht in kg (LG)	Hirnvolumen in cm^3 (HV)	Verhältnis LG : HV (LG : 100)	Schädelkapazität (Bestimmung n. Klatt) absolut	relativ
Equus przewalski	340,0	697,3	2,05	1,82	100,0
Mongolisches Hauspferd	374,8	673,4	1,80	1,76	96,7
Arabisches Vollblutpferd	425,0	655,0	1,54	1,68	92,3
Polnisches Landpferd	475,8	699,2	1,53	1,62	89,0
Warmblutpferd Trakehner Abst.	520,0	652,0	1,25	1,57	86,6
Belgisches Kaltblutpferd	723,3	814,0	1,13	1,42	78,0

seines bedeutend kleineren Kopfes auch absolut sehr hoch und wird nur noch von der des Przewalski-Wildpferdes und des mit ihm nahe verwandten Mongolischen Hauspferdes übertroffen. Die stark gewölbte Stirn des Vollblutarabers (Abb. 67 u. 69) schafft besonders die Voraussetzungen zu dieser Entwicklung.

Das höhere Schädelvolumen des Wildpferdes ist eine typische Eigenschaft aller Wildformen, die bei der Domestikation im allgemeinen verlorenging.

Im Laufe des Wachstums (s. d.) wird die erwähnte stark konvex geformte Stirn durch das Nachwachsen des Gesichtsschädelteils wieder etwas an die gerade Kopfprofillinie angeglichen (Abb. 59), bleibt aber erhalten.

Das Nasenbein ist grundsätzlich am unteren Teil konvex, am oberen konkav geformt (Abb. 69); Nasen-, Joch- und Schläfenbein sind scharf gezeichnet (Abb. 59).

Der Gesichtsschädel ist klein und schmal, wie aus dem Skelettvergleich zwischen Vollblutaraber (Abb. 69) und dem im Verdauungstyp stehenden Shetlandpony (Abb. 70) hervorgeht.

Ganz auffallende Unterschiede ergeben sich zwischen dem Arabischen Vollblutpferd und westeuropäischen Pferderassen bei Betrachtung des Unterkiefers, besonders der Äste, die stark ausgeprägt sind und so tief nach unten verlaufen, daß sie die Unterkieferlinie konvex ausbilden. Dadurch wird der optische Eindruck des kurzen Kopfes noch verstärkt.

Weitere, nur für den Vollblutaraber eigentümliche Merkmale ergeben sich aus der speziellen Ausprägung des Maulteils. Sie können meßtechnisch nicht erfaßt werden, sind aber deutlich sichtbar. Zu ihnen gehören ein zwischen Oberlippe und Nüstern konkaves Profil und eine spitze Unterlippe (Abb 73). Die Oberlippe ist schmal und steht im Verhältnis zur Unterlippe meist weit vor. Sie ist rüsselartig beweglich. Durch abnorme Verkürzung des Unterkiefers kann es in Einzelfällen zur Gebißanomalie (Abb. 79) kommen, die oft erst mit zunehmendem Alter deutlich erkennbar wird.

Die Nüstern sind groß und tief angesetzt, weisen bei starker Durchblutung und Erweiterung (Erregung) vier Ecken auf und ragen dann deutlich über die Profillinie heraus. In der Ruhe ist der innere Nasenflügel im Profil jedoch klar sichtbar (Abb. 73). Die Nasenflügel sind dünn und gewähren einen schlitzartigen Verschluß der Nasengänge, so daß dem Vollblutaraber ebenso wie dem Kamel ein Atmen im Sandsturm möglich ist. Der Ohrenansatz ist hoch und weit (Abb. 66), die Ohrenspitzen sind klein, schmal und nach innen gebogen (Abb. 61), die Ohrmuscheln mit einem feinen sichtbaren Adernetz überzogen.

Große Augen, lange, dichte und schräge Wimpern (bei „normalen Pferden" kurz und gerade) sind ein besonders schönes Merkmal des Arabischen Vollblüters (Abb. 64, 73 usw.). Sie erfreuen sich unter den arabischen Beduinen besonderer, immer wieder neuer Betrachtungen und sind Objekt zahlloser Sprüche und Liederverse.

7.3. Wachstum und Entwicklung

Als besonderes Merkmal für die Wachstumsgeschwindigkeit gilt das Körpergewicht, welches praktisch das Wachstum des Gesamtkörpers widerspiegelt.

Das Geburtsgewicht beträgt beim Vollblutaraber etwa 10 % des Lebendgewichts der Mutter. Es liegt demnach unter europäischen Verhältnissen bei 40–45 kg. Brzeski ermittelte bei 61 Arabischen Vollblutstuten im polnischen Gestüt Michatow ein Geburtsgewicht von 42,4 kg für Hengst- und 40,7 kg für Stutfohlen.

Wie Tabelle 29 zeigt, tritt die Verdoppelung des Geburtsgewichts beim Vollblutaraber später ein als bei anderen Pferderassen. Es ist dies ein Hinweis auf die langsamere Wachstumsgeschwindigkeit des Vollblutarabers, der demzufolge auch einen späteren Wachstumsabschluß aufweist (Abb. 76). Das Endgewicht wird erst mindestens zwei Jahre später erreicht als beim Kaltblutpferd und ein Jahr später als beim Trak. Warmblüter (Abb. 85). Es muß dabei betont werden, daß die Meßwerte in der Darstellung an „europäischen" Vollblutarabern ermittelt wurden, die im Verhältnis zum Originalzuchtgebiet bestens gehalten und ernährt werden. Es ist demnach anzu-

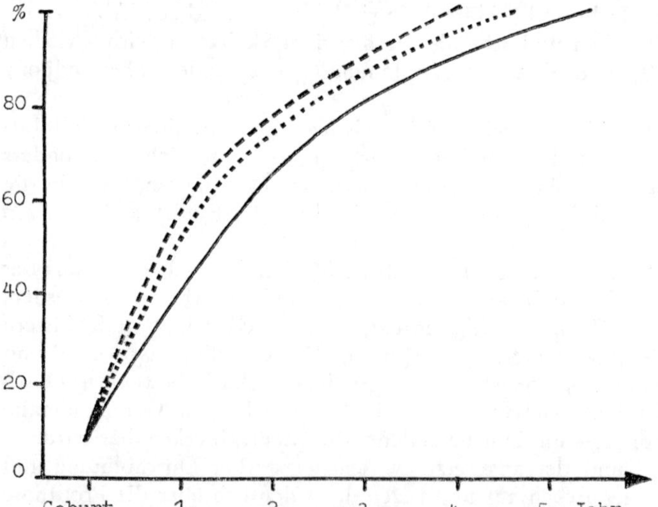

Abb. 85. Gewichtszunahme in % des Endgewichts beim Vollblutaraber im Vergleich zum Warm- und Kaltblutpferd. – – – (Meckl.) Kaltblut . . . Warmblut Trakehner Abstammung, —— Arabisches Vollblut

Tabelle 29. Verdoppelung des Geburtsgewichts beim Arabischen Vollblutpferd im Vergleich mit anderen Rassen. Nach Flade

Rasse	Geburtsgewicht in kg	Zeitraum bis zur Verdoppelung des Geburtsgewichts in Tagen	Muttermilchaufwand bis zur Verdoppelung des Geburtsgewichts in kg	Zunahme je kg aufgenommener Muttermilch in kg
Kaltblut (Mecklenburger) Anzahl = 41	55,8	29,2	512	0,109
Warmblut (Trakehner) Anzahl = 20	51,9	35,3	576	0,090
Arabisches Vollblut (DDR) Anzahl = 5	44,0	41,0	615	0,072

nehmen, daß der schlecht gefütterte Originalaraber noch langsamer wächst bzw. bei der sehr frühen Zucht- und Arbeitsnutzung in der Entwicklung zu einem Zeitpunkt stehenbleibt, in dem sie noch nicht abgeschlossen ist.

Die Gewichtszunahme ist zwar weitgehend ernährungsgebunden, wenn auch der Anteil zu etwas früherem Wachstumsabschluß neigenden Tiere, die mehr im Typ der Saqlawis stehen, dabei eine Rolle spielen kann. Der Vergleich von drei europäischen Araberzuchten miteinander in Tabelle 30 ist unter diesem Gesichtspunkt zu sehen.

Tabelle 30. Zunahmeraten Arabischer Vollblutpferde

Land (Autor)		Alter der Tiere			
		Geburt	1. Jahr	2. Jahr	3. Jahr
Rumänien (Nicolescu)					
Gewicht	kg	45,9	327,2	406,2	433,0
Zunahme im Verh. zum Geburtsgewicht	%	0,0	712,9	885,0	943,4
Zunahme je Tag	kg	0,0	0,77	0,22	0,07
DDR (Flade)					
Gewicht	kg	43,8	255,9	324,3	393,0
Zunahme im Verh. zum Geburtsgewicht	%	0,0	584,2	740,3	897,2
Zunahme je Tag	kg	0,0	0,58	0,19	0,19
Polen (Flade)					
Gewicht	kg	45,0	270,0	319,0	371,0
Zunahme im Verh. zum Geburtsgewicht	%	0,0	600,0	708,9	824,5
Zunahme je Tag	kg	0,0	0,62	0,13	0,15

Tabelle 31. Zuwachsraten Arabischer Vollbluthengstfohlen in % der Geburtswerte (= 100 %) von der Geburt bis zum 18. Lebensmonat, verglichen mit denen von Hengstfohlen Englischen Vollblutes. Nach Grabowski, Detkens und Tyszkowski

Maß bzw. Gewicht	Arabisches Vollblut Staatsgestüt Janów Podlaski/Polen	Englisches Vollblut Staatsgestüt Golejewko/ Polen
Widerristhöhe	164,17	150,59
Kreuzbeinhöhe	165,54	151,27
Rumpflänge	182,70	170,33
Brustumfang	200,94	194,51
Brusttiefe	211,33	182,41
Vorderbrustbreite	194,15	198,04
Röhrbeinumfang	182,70	170,33
Gewicht	838,00	805,12

Tabelle 32. Zuwachsraten Arabischer Vollblutstutfohlen der DDR in % der Geburtswerte (= 100 %). Nach Flade

Maß	6 Monate	1. Jahr	2. Jahr	3. Jahr
Widerristhöhe	131,0	141,4	151,2	154,6
Kreuzbeinhöhe	132,2	141,2	149,7	154,3
Rumpflänge	130,1	143,4	150,4	160,8
Brustumfang	157,1	182,0	202,6	221,5
Brusttiefe	165,3	190,7	204,8	226,8
Vorderbrustbreite	154,3	178,5	182,8	199,8
Rippenbrustbreite	152,4	184,6	199,1	229,4
Hüftbreite	167,2	197,0	223,2	242,9
Röhrbeinumfang	130,1	143,4	150,4	160,8

Danach ist der rumänische Vollblutaraber schneller ausgewachsen, als der in Polen oder in der DDR gezogene. Diese Tendenz ist bereits nach den ersten 12 Lebensmonaten deutlich erkennbar.

Die Problematik des Wachstums beim Vollblutaraber wird aus dem Vergleich der Zuwachsraten zwischen arabischen und englischen Vollbluthengstfohlen in den ersten 18 Lebensmonaten besonders interessant. Hiernach (Tab. 31) bedeutet diese Periode ein intensiveres Wachstum des Arabischen Vollblutpferdes, als das beim Englischen Vollblutpferd der Fall ist. Möglicherweise hat das Frühtraining des englischen Vollbluts gegenüber den gleichzeitig (auf das Lebensalter bezogen) wachstumsfördernden Fütterungs- und Haltungsbedingungen für die Arabischen Vollblutpferde einen wachstumshemmenden Einfluß. Nach diesem Wachstumsabschnitt erfolgt die bei allen Pferderassen übliche rasche Verlangsamung der Körperentwicklung. Für die Fütterung ergibt sich daraus die Forderung an besonders hohe Intensität, um die genetisch bedingte Bereitschaft auch des arabischen Vollblüters zu hoher Wachstumsgeschwindigkeit in den ersten 18 Lebensmonaten futterenergetisch auch zu realisieren. Ähn-

Tabelle 33. Wachstum Arabischer Vollblutpferde auf dem Balkan. Die gemessenen Tiere stammen aus der rumänischen Forschungsstelle für Pferdezucht Rusęțu sowie aus dem bulgarischen Staatsgestüt W. Kolarow. Nach Nicolescu und Hadschidimitroff

Alter (Rumänien = 74) (Bulgarien = 80)	Gewicht	Widerristhöhe	Rumpflänge		Brustumfang		Röhrbeinumfang	
	in kg	in cm	in cm	in % der Widerristhöhe	in cm	in % der Widerristhöhe	in cm	in % der Widerristhöhe
Geburt								
Rumänien	45,9	97,3	71,7	73,7	80,1	82,3	11,8	12,1
Bulgarien	47,8	95,8	69,9	73,0	79,5	83,0	11,0	11,5
1 Jahr								
Rumänien	327,2	140,5	133,5	95,0	153,3	109,1	17,7	12,6
Bulgarien	280,4	140,0	133,5	95,4	148,6	106,1	17,6	12,6
2 Jahre								
Rumänien	406,2	148,3	146,7	98,9	173,5	117,0	18,9	12,7
Bulgarien	361,3	147,9	145,3	98,2	163,5	110,5	18,7	12,6
3 Jahre								
Rumänien	433,0	151,2	150,7	99,7	177,0	117,1	19,3	12,8
Bulgarien	403,3	150,3	148,3	98,7	169,6	112,9	19,0	12,6

Tabelle 34. Veränderung der Körperharmonie im Laufe der Entwicklung bei 5 im Forschungszentrum für Tierproduktion Dummerstorf-Rostock/DDR gezogenen Vollblutarabern in % der Widerristhöhe

	Alter				
	Geburt	1/2 Jahr	1 Jahr	2 Jahre	3 Jahre
Kreuzbeinhöhe	101,7	102,0	101,5	100,7	101,5
Rumpflänge	65,7	86,3	90,0	91,9	97,0
Brustumfang	81,4	97,0	104,7	109,1	116,6
Vorderbrustbreite	19,5	22,8	24,6	23,5	25,1
Rippenbrustbreite	16,9	19,6	22,1	22,3	25,1
Brusttiefe	30,4	38,2	41,1	41,3	44,6
Hüftbreite	21,0	26,7	29,3	31,1	33,0
Röhrbeinumfang	11,8	11,7	12,0	11,8	12,3
Kopflänge	35,8	36,7	37,3	37,7	37,9
zum Vergleich die absoluten Werte für die Widerristhöhe in cm	95,6	126,0	135,2	144,5	147,8

lich wie die in Tabelle 31 zitierten Untersuchungsergebnisse von Grabowski, Detkens und Tyszkowski hat auch Abidin vor Jahrzehnten in Vorderasien in der Arabischen Vollblutzucht analoge Beobachtungen gemacht.

Ähnlich der Gewichtsentwicklung sind die Verhältnisse bei den einzelnen Körpermaßen (Tab. 32–34). Die Beziehungen der Wachstumsgeschwindigkeit der einzelnen Körperteile zueinander sind gleich denen bei anderen Pferderassen. Ihnen gegenüber ist lediglich das Gesamtwachstum verlangsamt, wobei zwischen den Zuchttierbeständen, die unter ähnlichen Zucht- und Umweltbedingungen heranwachsen, kaum Unterschiede bestehen. Das geht aus dem in Tabelle 33 vorgenommenen Vergleich zwischen Bulgarien und Rumänien hervor.

Die Körperharmonie erfährt während des Wachstums allgemein die bei den Equiden üblichen Veränderungen (Tab. 34). Gemessen an der Widerristhöhe entwickelt sich die Kreuzbeinhöhe etwas langsamer, so daß aus dem ursprünglich überbauten Fohlen ein Tier mit etwa der Widerristhöhe angeglichener Kreuzbeinhöhe wird. Die Rumpflänge wächst bedeutend schneller als die Widerristhöhe, so daß sich das zunächst hochrechteckige Fohlen zu einem im Quadratformat stehenden Vollblutaraber ausbildet. Die Brust und die Kruppe wachsen schneller als die Widerristhöhe, die bereits zum Zeitpunkt der Geburt relativ groß ist; deshalb entwickeln sich Brusttiefe, Brustumfang, Brust- und Hüftbreite usw. auffallend und auch im Verhältnis zur Widerristhöhe schnell (Abb. 76). Der Kaliberindex als Ausdruck für die Entwicklung von Rumpf und Fundament macht den Wachstumsvorgang bei den Vollblutarabern verschiedener Länder noch deutlicher (Tab. 35), wobei keine nennenswerten Unterschiede auftreten (vgl. S. 103).

Der Röhrbeinumfang erhöht sich im Verhältnis zur Widerristhöhe nur ganz geringfügig, ebenso wie auch die Maße des Kopfes zueinander unverändert bleiben. Das Verhältnis dieser Körperteile zum übrigen Rumpf bleibt also von der Geburt an nahezu gleich. Übrigens verlangsamt sich das Wachstum der Stirnlänge gegenüber der Gesamtkopflänge und der Stirnbreite (Tab. 36); der Gesichtsschädelteil wächst also sehr intensiv. Durch den langsamer wachsenden Stirnteil rücken demzufolge die Augen laufend weiter „nach oben". Der Vergleich der Abb. 66 mit Abb. 73 macht diese Ent-

Tabelle 35. Kaliberindex bei wachsenden Vollblutarabern

Alter	Rumänien (Nicolescu)	Bulgarien (Hadschidimitroff)	DDR (Flade)	Polen (Flade)
Geburt	99,6	95,5	96,1	n. e.
1. Jahr	137,5	133,7	125,6	126,8
2. Jahr	148,6	139,2	128,7	137,3
3. Jahr	149,9	142,1	143,4	142,1

Tabelle 36. Zuwachsraten bei den Kopfmaßen von Vollblutarabern in der DDR in % des Geburtsmaßes (= 100 %) (Anzahl = 5). Nach Flade

Maß	6 Monate	2. Jahr	1. Jahr	3. Jahr
Kopflänge	135,4	147,4	159,4	163,7
Stirnlänge	124,1	132,2	143,0	145,6
Stirnbreite	137,3	150,8	163,7	172,0

wicklung deutlicher. Auch wird die Schärfe der Konturen mit zunehmendem Wachstum größer, wobei der Geschlechtsdimorphismus – die Widerristhöhe ausgenommen – beim Vollblutaraber oft in vollendeter Weise zum Ausdruck kommt.

7.4. Farbe, Abzeichen und Haarkleid

Grundsätzlich ist die Haut beim Arabischen Vollblüter pigmentiert. Die Bezeichnung „Kuhaylan" bezieht sich, wie bereits mitgeteilt wurde, auf die stets blauschwarze Hautfärbung. Pigmentlose oder pigmentarme Haut, wie sie bei Albinos vorkommt, ist äußerst empfindlich gegen starken Lichteinfall, der gerade unter den Bedingungen des Hochzuchtgebietes ständig vorhanden ist. Es mag sein, daß durch diese Gegebenheit eine Selektion auf stark pigmentierte Haut und damit auch auf wenige Abzeichen stattgefunden hat.

Im Hochzuchtgebiet kommen alle Haar- und Hautfarben vor, einschließlich (selten) Isabellen, Stichelhaarige und Schecken. Falben, Stichelhaarige, Schecken und Isabellen sind keine echten Araberfarben.

Die arabischen Pferdezüchter meinen, bestimmte Hautfarben gegen Hitze oder Kälte schützen zu müssen. Nach Hutten-Czapski hat die Erfahrung gezeigt, daß Pferde heller Hautfarbe vorzugsweise solcher Schutzmaßnahmen bedürfen; „sie schmelzen in der Sonne wie Butter und im Regen lösen sie sich auf wie Salz". Dunkle Farben bedürfen solcher Vorsicht nicht.

Besonders häufige Haarfarbe unter den Vollblutarabern ist ein lichtes Grau (Schimmel). Daneben kommen sehr viele „nicht reine Schimmel" (Forellen-, Fliegenschimmel) vor. Auch hier muß an eine Auslese auf helle Haarfarben gedacht werden, die in den Wüsten- und Steppengebieten einen gewissen Schutz bieten (vgl. Kamel). Das schließt das Vorhandensein anderer Farben nicht aus. Durch einen starken Einsatz bestimmter Zuchthengste, die keine Schimmel waren, sind vor allem in den außerarabischen Zuchtstätten auch andere Farben in den Vordergrund getreten, z. B. die braune Farbe durch den polnischen Hengst „Ofir" und seine Nachkommen (Abb. 86).

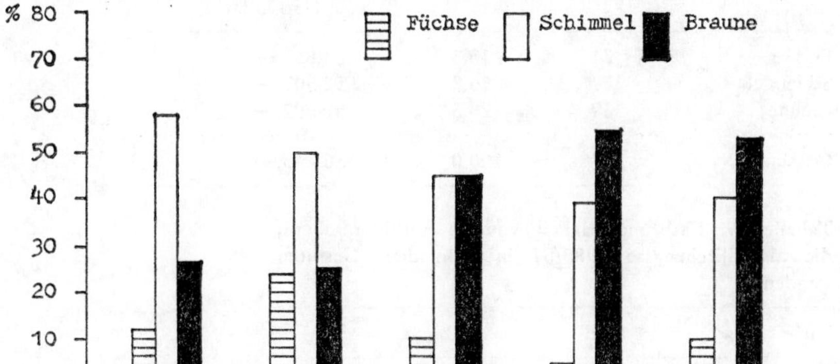

Abb. 86. Farbzugehörigkeit polnischer Vollblutaraber 1930/70 (Stuten) (Flade)

Rappen sind unter Arabischen Vollblütern selten. Einer der wenigen war der 1885 für Ungarn importierte Originalaraber „O'Bajan", der auch einige Rappen brachte. Die Fuchsfarbe ist häufiger (z. B. in den USA), tritt aber nur mit insgesamt etwa 10 bis 20 % in Erscheinung. Sie ist oft mit einer größeren Häufigkeit an Abzeichen verbunden (Abb. 45 u. 47). Im ganzen gesehen ist wahrscheinlich die Schimmelfarbe am meisten verbreitet, z. B. auch in der DDR (Tab. 37). Sie ist infolge der reichlichen Pigmentierung der Haut stets auch mit dunkler Färbung an den Hornteilen, Huf und Kastanien verbunden. In den einzelnen Ländern sind die Farbanteile in bestimmten Zeitabschnitten verschieden groß, da hierbei der bereits beschriebene Einfluß einzelner Hengste, die ihre Farbe durchschlagend vererben, unterschiedlich ins Gewicht fällt. Die Abb. 86 zeigt diese Tatsache am Beispiel der polnischen Zucht von 1930 bis 1970 (s. auch Tab. 38 u. 39).

Allen Vollblutarabern ist ein metallischer Haarglanz eigen. Demzufolge kommen glanzlose Farben (z. B. Kohlrappen) nicht vor.

Tabelle 37. Farbzugehörigkeit der Vollblutaraber in der DDR (1973). Nach Müller

Farbe	Stuten		Hengste		Gesamt	
	Anzahl	%	Anzahl	%	Anzahl	%
Füchse	6	23,1	4	50,0	10	29,4
Schimmel	13	50,0	1	12,5	14	41,2
Braune	7	26,9	3	37,5	10	29,4
Gesamt	26	100,0	8	100,0	34	100,0

Tabelle 38. Farbzugehörigkeit polnischer Vollblutaraberstuten, die 1981/87 im Gestüt Janów Podlaski zur Versteigerung nach Westeuropa und Amerika kamen

Farbe	n	%	∅-Preis pro Stute in US-Dollar
Füchse	21	15,3	64 857,—
Schimmel	77	56,2	52 507,—
Braune	39	28,5	59 692,—
Gesamt	137	100,0	56 445,—

Tabelle 39. Farbzugehörigkeit von 25 Vollblutarabern, die als Elitehengste 1985/87 in polnischen Gestüten standen

Farbe	n	%
Füchse	3	12,0
Schimmel	13	52,0
Braune	9	36,0

Über die ganze Haut zieht sich ein feines Adernetz, das infolge des schwachen Unterhautbindegewebes deutlich sichtbar ist. Diese Feinheit der Haut beim Vollblutaraber ist sprichwörtlich und verleiht ihm seine ausgeprägte „Trockenheit", die jede Sehne, jeden Muskel und auch die Blutgefäße klar in Erscheinung treten läßt. Der Körperumriß wird deutlich gezeichnet, vor allem am Kopf.

Diese Trockenheit ist das Produkt der Umwelt, in der das Arabische Vollblutpferd seit über 1000 Jahren aufwächst. Auch viele Jahre vor seinem Vorkommen in Innerarabien hat seine Auslese in dieser Richtung stattgefunden, da die Klima- und Bodenverhältnisse in Mesopotamien und den Randgebieten der Arabischen Halbinsel keine grundlegenden Verschiedenheiten von der Innerarabiens aufweisen.

Der Arabische Vollblüter zeichnet sich durch ein dichtes (Abb. 60), ganz feines Haarkleid aus. Diese Feinheit ergibt sich nicht aufgrund geringer Haarstärke, sondern ist die Folge eines ganz weichen, seidigen (Abb. 46, 48 usw.) nicht spröden Haares, dessen Ausbildung in dieser Hinsicht völlig im Gegensatz zum Kaltblutpferd oder auch anderen Pferderassen steht. In bezug auf die Haarstärke sind, wie Tabelle 40 ausweist, nur geringfügige Unterschiede vorhanden. Das „Stehen" der Mähne, wie es beim Wildpferd zu beobachten ist, kommt nicht vor. Das weiche Deckhaar schmiegt sich gut der Körperoberfläche an und bietet so besten Schutz gegen intensive Sonneneinstrahlung, Sand und Staub. Ergänzt wird dieser Schutz speziell für die Augen durch die erwähnten dichten, langen und schrägen Wimpern, den dichten Haarschutz an den Ohrmuscheln und die auffallend zahlreichen Schutzhärchen in den Nasengängen.

Durch das meist völlige Fehlen oder die spärliche Entwicklung des Deckhaars um die Augen, am Maul und im Bereich der Nüstern schimmert die blauschwarze Haut oft sehr stark durch und zeichnet das Arabische Vollblutpferd ganz charakteristisch mit Augenringen und dunkler Maulpartie aus (Abb. 46), deren Form von dem Umfang des fehlenden Deckhaars abhängig ist.

Der Behang an den Fesselköpfen (Kötenbehang) fehlt den Vollblutarabern im allgemeinen oder ist nur wenig vorhanden. Die hornigen Kastanien sind klein, die „Sporen" nur angedeutet.

Tabelle 40. Haarstärken beim Arabischen Vollblutpferd im Vergleich mit anderen Pferderassen in $^{1}/_{1000}$ mm. Nach Altenkirch u. Flade

Haar	Arabisches Vollblutpferd Anzahl = 5	Przewalski-Wildpferd Anzahl = 5	Kaltblutpferd Anzahl = 10
Vorderbrust	37	37	44
Stirnschopf	88	64	81
Mähnenmitte	102	86	94
Schweifwurzel	182	180	186

8. Physiologische Eigenschaften

8.1. Fruchtbarkeit

Der Vollblutaraber gehört zu den Pferderassen, denen eine verhältnismäßig hohe Fruchtbarkeit als charakteristisches Merkmal zu eigen ist. Sie soll nach Abidin, Raswan und anderen auch außerhalb der Nedschd-Gestüte im Hochzuchtgebiet vorhanden sein, wobei das leichte Trächtigwerden (geringe Sprungzahl je befruchteter Stute) der Stuten besonders vermerkt wird. In den europäischen Gestüten bestätigten sich diese Angaben (Tab. 41). Dabei muß aber berücksichtigt werden, daß in diesen geschlossenen Zuchtstätten die Fruchtbarkeitserfolge auch bei den Warmblutrassen hoch sind und wesentlich über denen der allgemeinen Landeszucht liegen. Infolge der gegenüber den Gestüten ungünstigen Voraussetzungen für die Züchtung in der Landesebene kommen dort Befruchtungsziffern kaum über 65 % der gedeckten Stuten hinaus. Das gilt auch für die Arabischen Halbblutzuchten mit sehr hohem Vollblutaraberanteil. Pozo Lora gibt für ein derartiges geschlossenes Zuchtgebiet in Spanien

Tabelle 41. Trächtigkeits- und Abfohlergebnisse in den polnischen Staatsgestüten Albigowa, Janów Podlaski, Klemensów, Michałow und Nowy Dwór 1948/49 bis 1970/71. Nach Pankiewicz

Trächtigkeit:	Gedeckte Stuten	2 000
	Tragende Stuten	1 674
	Trächtigkeit in %	84
Abfohlung:	Zuchtstutenbestand	2 012
	Abfohlung absolut	1 438
	Abfohlung in %	71

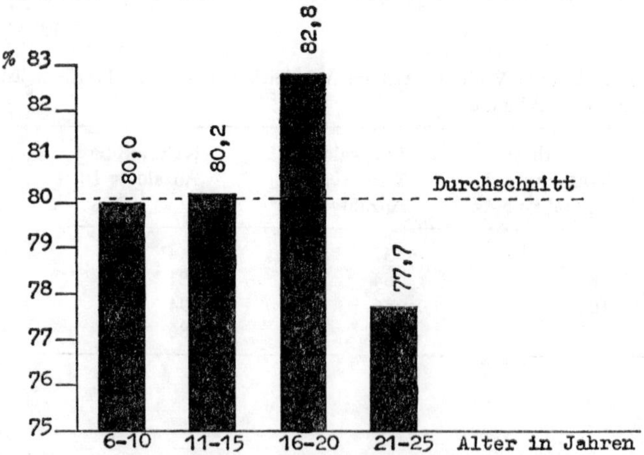

Abb. 87. Befruchtung in % der gedeckten Stuten beim polnischen Vollblutaraber 1921 bis 1945 (Flade)

nur 53,6 % Befruchtung im Durchschnitt der Jahre 1937 bis 1951 an. Hier sind erfahrungsgemäß weniger biologische als vielmehr wirtschaftliche Mängel und das Fehlen wirklichen Interesses an der Zucht weitgehend die Ursache zu dieser Entwicklung. In der auf zahlreiche kleinere Zuchtstätten verteilten Vollblutaraberzucht Polens, die mit viel Passion geleitet wurde und wird, lag gemäß den Angaben der Abb. 86 der Anteil der befruchteten Stuten im Durchschnitt der Jahre 1921 bis 1945 bei etwa 80 %. Dabei ist, wie auch sonst, eine Abhängigkeit vom Alter der gedeckten Stuten nachweisbar.

Nach den Erfahrungen mit dem Einsatz von Vollblutaraberhengsten in der Warmblutzucht ist zu sagen, daß weniger ein Anstieg des Anteils der tragenden Stuten zu beobachten ist, als vielmehr eine sichere Befruchtungsfähigkeit der Hengste, die in einer geringeren Anzahl Sprünge je befruchtete Stute zum Ausdruck kommt. Genaue Angaben kann es hierbei nicht geben, da die Verhältnisse in der Landespferdezucht eine isolierte Betrachtung der biologischen Faktoren nicht gestatten.

Eine bedingte Aussage über die Fruchtbarkeit ist indirekt über die Milchleistungen zu bekommen. Diese ist beim Vollblutaraber sehr hoch und liegt über der anderer Pferderassen, wenn man sie mit dem Lebendgewicht der Muttertiere in Beziehung setzt. Verglichen mit Warm- und Kaltblutrassen ergibt sich im Durchschnitt von fünf Monaten die in Tabelle 42 aufgestellte tägliche Laktationshöhe (N e s e n i u. a.).

Tabelle 42. Tägliche Laktationshöhe im Durchschnitt von 5 Monaten bei verschiedenen Pferderassen. Nach N e s e n i u. a.

Rasse	absolut in kg	Milchleistung je kg Lebendgewicht in g	%
Arabisches Vollblutpferd	14,0	32,0	100
Warmblutpferd	14,3	24,2	76
Kaltblutpferd	17,1	24,1	76

Nach Abb. 88 liegt der Höhepunkt der Milchleistung, wie bei allen Pferderassen, zwischen dem 2. und 3. Laktationsmonat. Zahl der Saugakte und Länge der täglichen Säugezeit fallen stetig. Die Milchanalyse ergibt ebenfalls keine meßbare Differenz hinsichtlich des Nährstoffgehalts gegenüber dem Warm- und Kaltblutpferd.

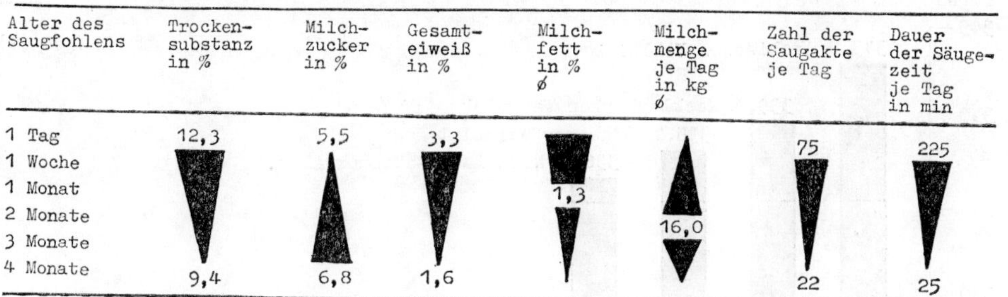

Abb. 88. Milchzusammensetzung und Milchleistung bei Arabischen Vollblutstuten (N e s e n i, F l a d e, H e i d l e r, S t e g e r)

8.2. Trächtigkeitsdauer

Zahlreiche Faktoren beeinflussen die Trächtigkeitsdauer, u. a. Befruchtungsmonat, Fütterungsintensität, individuelle Veranlagung der Stute, Haltungsart und Arbeitsleistung der Stute, dazu die Veranlagung der Rasse zu früherem oder späterem Wachstumsabschluß. Man kann also keinesfalls die Trächtigkeitsdauer als allein rassegebunden ansehen, wie aus Tabelle 43 hervorgeht. Danach schwankt innerhalb der Arabischen Vollblutzucht Europas die Trächtigkeitsdauer um 8 Tage, wobei die Differenz zwischen der Tragezeit von Hengst- bzw. Stutfohlen nicht besonders angegeben ist.

Die Tendenz zu einer etwas längeren Trächtigkeitsdauer als allgemein ist beim Vollblutaraber angedeutet, wie aus Abb. 89 im Vergleich zu anderen Pferderassen ersichtlich ist. Praktisch gesehen sind diese Unterschiede ohne Bedeutung. Sie lassen jedoch den Schluß zu, daß eine Veranlagung zu späterem Wachstumsabschluß beim Vollblutaraber vorhanden ist, wie er auch im Kapitel über das Wachstum bestätigt wurde.

Der Erblichkeitsanteil (Heritabilität) für die Trächtigkeitsdauer von Arabischen Vollblutstuten wird von Franganillo und Pozo Lora mit $h^2 = 0{,}48$ angegeben. Vergleichsweise betrug er bei in Spanien gezogenen Stuten nach den gleichen Verfassern nur $h^2 = 0{,}24$. Daraus könnte geschlossen werden, daß die Vollblutaraberstute die größere Umweltstabilität aufweist.

Tabelle 43. Trächtigkeitsdauer Arabischer Vollblutstuten in verschiedenen Ländern

Land	Trächtigkeitsdauer in Tagen	Autor
Spanien	343,0	Pozo Lora
Iran	341,0	Baumeister
Ungarn	339,3	Lehndorff
BRD	338,0	Baumeister
DDR	334,8	Flade

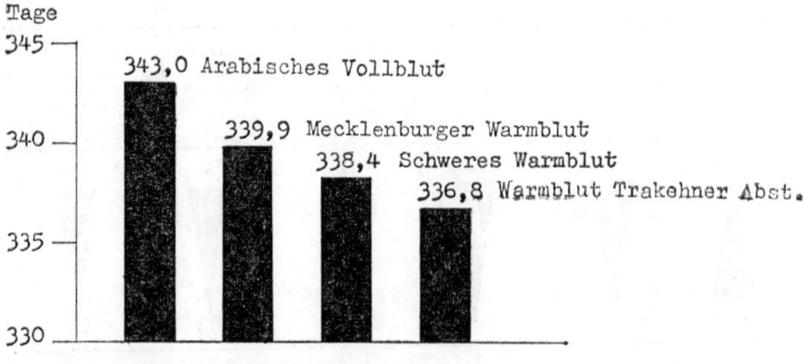

Abb. 89. Trächtigkeitsdauer des Arabischen Vollbluts im Vergleich zu anderen Pferderassen (Flade, Frederich)

8.3. Geschlechterverhältnis

Die Anteile von männlichen und weiblichen Fohlen an der Gesamtzahl der geborenen Tiere sind in der Regel entsprechend dem biologischen Gleichgewicht etwa die gleichen, wobei jedoch auch bei den Equiden die Tendenz zum minimal höheren Anteil der geborenen männlichen Fohlen besteht, der durch eine größere Sterblichkeitsrate wieder ausgeglichen wird. Merkwürdigerweise ist bei den europäischen Vollblutarabern gerade das Umgekehrte der Fall. Nach Stutbuch- und Literaturanalysen ergibt sich das in Abb. 90 niedergelegte Ergebnis, nach dem der Anteil der Hengstfohlen geringer als der der Stutfohlen ist. Selbst bei Aufschlüsselung nach Altersgruppen der Stuten ist keine Abweichung von dieser Tendenz zu beobachten (Tab 44).

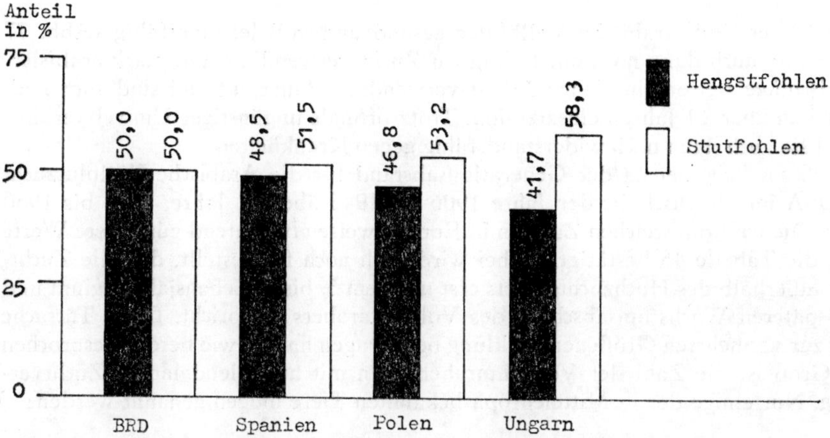

Abb. 90. Verhältnis der geborenen Hengst- und Stutfohlen beim Arabischen Vollblut (Flade)

Tabelle 44. Geschlechterverhältnis bei polnischen Vollblutarabern in Abhängigkeit vom Alter der fohlenden Stuten (Stutbuch 1899 bis 1952). Nach Flade

Altersgruppen der Stuten in Jahren	Anzahl der Stuten	Anzahl der Geburten	davon in %	
			Hengstfohlen	Stutfohlen
unter 5	109	134	47,0	53,0
6 bis 10	265	701	45,8	54,2
11 bis 15	146	368	48,9	51,1
16 bis 20	68	156	47,4	52,6
21 bis 25	20	34	41,2	58,3
Gesamt	608	1 393	46,8	53,2

8.4. Nutzungsdauer

Eine gegenüber allen anderen Pferderassen für das Arabische Vollblutpferd kennzeichnende Eigenschaft ist seine lange Zucht- und Nutzverwendungsdauer. Noch

Tabelle 45. Zuchtverwendungsdauer Arabischer Vollblutstuten. Nach F l a d e

Land	Alter in Jahren ∅	Zuchtverwendung in Jahren ∅	Trächtigkeit in % der gedeckten Stuten
BRD (Weil/Marbach)	19,4	14,4	85,4
Polen (Stutbuch 1921 bis 1945)	16,7	10,0	77,7

im hohen Alter sind Arabische Vollblüter gesund und voll leistungsfähig (Abb. 77 u. a.), sie sind auch dann noch mit Erfolg zur Zucht verwendbar. Die stark arabisierten Landschläge weisen eine lange Arbeitsverwendungsdauer auf und sind auch noch im Alter von über 20 Jahren einsatzfähig. Trotz oftmals ungünstiger Umweltverhältnisse sind sie auch dann noch widerstandsfähig gegen Krankheiten.

Nach G a z d e r betrug der Generationsabstand für die Arabische Vollblutzucht in den USA im Durchschnitt der Jahre 1906 bis 1946 über 11 Jahre, 1947 bis 1950 10 Jahre. Die traditionsreichen Zuchten in Europa weisen bedeutend günstigere Werte auf, wie die Tabelle 45 bestätigt. Dabei wird auch noch festgestellt, daß die Zuchtnutzung außerhalb des Hochzuchtgebiets erst mit dem 5. bis 7. Lebensjahr beginnt und so dem späteren Wachstumsabschluß des Vollblutarabers entspricht. Diese Tatsache mag mit zur vermehrten Größenentwicklung beigetragen haben, wie bereits besprochen wurde. Groß ist die Zahl der Vollblutaraberstuten mit auffallend langer Zuchtverwendung. Nur einige der in Mitteleuropa bekannten Tiere mögen genannt werden:

Name der Stute	Lebensdauer in Jahren	Zuchtverwendungsdauer in Jahren	Trächtigkeit in %
„Amadine" 1895	20	16	81,3
„Atfa" 1931	22	16	87,5
„Caesarea" 1927	22	17	94,1
„Dueba" 1879	25	19	79,0
„Elsissa" 1930	23	17	76,4
„Hamdany" 1876	26	19	100,0
„Najada" 1932	25	18	83,3
„Sabal" 1872	24	16	93,8
„Sady" 1877	20	14	85,7
„Sardine" 1906	23	20	90,0
„Sylphide I" 1892	25	21	76,2

Dabei ist zu berücksichtigen, daß durch die beiden Weltkriege der größte Teil der Vollblutaraberzuchten in Mittel- und Osteuropa vernichtet wurde und so viele Tiere ihr biologisch mögliches Lebensalter nicht erreichten.

C o m f o r t untersuchte 189 Arabische Vollblutstuten, die im Anhang des General

Tabelle 46. Erreichtes Lebensalter bei Arabischen Vollblutstuten. Nach Comfort

5	10	15	20	25	30	32	Jahre alt wurde
176	133	87	58	19	4	1	Stuten von 189 geborenen.

(z. B. erreichten also 19 der 189 Stuten das 25. Lebensjahr)

Stud Book's verzeichnet sind und zwischen 1880 und 1915 geboren wurden. Er prüfte ihre Langlebigkeit (Tab. 46). Beim Vergleich mit Englischen Vollblütern kam er zu folgendem Ergebnis:

Ø Lebensalter bei Englischen Vollblutstuten = 17,1 Jahre
Ø Lebensalter bei Arabischen Vollblutstuten = 18,8 Jahre

$t = 2{,}5;\ p = > 0{,}01.$

8.5. Arbeitsleistung und Fütterung

Zug- und Schrittleistungen sind weitgehend abhängig von Körpergröße und -gewicht. Pferde von kleiner Statur haben beispielsweise im Trab eine kleinere absolute Schrittlänge, als sie große Pferde aufweisen. Dasselbe gilt bei leichten und schweren Pferden für die absolute Zugleistung.

Für die Schrittleistung ergeben sich dabei Abweichungen, die von der jeweiligen Gangart – Schritt, Trab, Galopp – und von der anatomischen Veranlagung des Einzeltiers bestimmt werden.

Vom Arabischen Vollblutpferd ist hinsichtlich dieser Leistungseigenschaften bisher nur wenig bekannt. Aus den Ergebnissen von Araberrennen, die außer in Ägypten, in Syrien und anderen arabischen Ländern (Tab. 47) sowie in Polen und der UdSSR abgehalten und ausgewertet werden, können Rückschlüsse auf Laufgeschwindigkeit und Stehvermögen (Ausdauer) gezogen werden.

Das vorhandene Material ist in den Tabellen 48 und 49 verarbeitet worden. Daraus ergibt sich, daß die sowjetischen Vollblutaraber mit fast gleichen Leistungen knapp

Tabelle 47. Rennplätze im Vorderen Orient (Stand Ende 1971). Nach Schiele

Rennbahn	Zahl der im Training befindlichen Pferde		Wetten
Bagdad	3 000	1. 10. bis 30. 6.	ja
Basra	600	1. 10. bis 30. 6.	ja
Beirut	1 200	1. 1. bis 31. 12.	ja
Alexandria	660 (Alexandria und Kairo)	Anfang Juni bis Anfang Oktober	ja
Kairo		Mitte Oktober bis Ende Mai	ja
Amman	150	Ende März bis Ende Oktober	nein
Ar Riyad	200	15. 4. bis 15. 5. u. 1. 10. bis 1. 4.	nein
Bahrein	50	1. 10. bis 1. 5.	nein

Tabelle 48. Rennleistungen Arabischer Vollblutpferde in verschiedenen Ländern (in min u. s) Nach Barminzev

Distanz	UdSSR		Polen		Ägypten		USA	
(m)	Ø	Rekord	Ø	Rekord	Ø	Rekord	Ø	Rekord
1 200	1.27,3	1.18,4	n. e.	n. e.	1.21,6	1.18,2	n. e.	1.17,0
1 600	1.55,9	1.46,2	1.59,8	1.47,5	1.51,3	1.46,2	n. e.	1.50,0
1 800	2.11,0	2.01,0	2.14,0	2.07,0	2.07,5	2.04,0	n. e.	n. e.
2 000	2.22,8	2.14,0	2.27,4	2.25,0	2.22,2	2.18,4	n. e.	2.17,1
2 400	2.52,2	2.41,0	2.55,3	2.49,0	2.50,7	2.47,6	n. e.	n. e.

Der UdSSR-Rekord für 3 200 m (1961) liegt bei 3.40,5 für 7 000 m (1959) bei 8.59,7

Tabelle 49. Rennleistungen Arabischer Vollblutpferde in der UdSSR, verglichen mit denen anderer sowjetischer Pferderassen. Nach Barminzev

Rasse	Rennzeit auf den Distanzen (in min u. s)			
	1 200 m	2 400 m	3 200 m	7 000 m (Rekorde)
Arabisches Vollblut	1.18,4	2.41,0	3.40,5	8.59,7
Englisches Vollblut	1.11.4	2.27,2	3.23,0	8.16,2
Budjonny	1.16,0	2.36,9	3.29,0	8.25,5
Trakehner	1.17,4	2.38,0	3.37,0	n. e.
Tersker	1.21,2	2.38,8	3.38,0	n. e.
Achal-Tekinsker	1.20,0	2.42,0	3.42,0	9.06,0
Donpferd	1.20,0	2.43,2	3.37,0	8.55,0

vor den polnischen rangieren. Die bestehende Differenz ist wahrscheinlich auf die von der jeweiligen Zucht abhängige Größe der gestarteten Tiere und auf eine gewisse Selektion zurückzuführen.

Der in Abb. 91 vorgenommene Vergleich der Rennleistungen von Trabern und Vollblutpferden soll die Stellung des Vollblutarabers unter dem Gesichtspunkt der Renngeschwindigkeit erläutern. Selbstverständlich liegt diese beim Arabischen Vollblutpferd unter der beim Englischen Vollblüter beobachteten. Ursache ist die beim Englischen Vollblutpferd erfolgte ganz einseitige Auslese auf hohe Renngeschwindigkeit mit allen ihren Konsequenzen, die beim Arabischen Vollblutpferd nicht erwünscht sind und demzufolge nicht zum Zuchtziel gehören. Rennleistungsprüfungen dienen beim Vollblutaraber in der UdSSR, in Polen, z. T. auch in Ägypten lediglich der Kontrolle der Konstitution als „Ersatz" für die harte Auslese durch die Klima-, Haltungs- und Leistungsverhältnisse des Hochzuchtgebiets und nicht etwa der züchterischen Ausrichtung auf hohe Geschwindigkeit.

Die in der Tabelle 50 enthaltenen Angaben über die Verhältnisse bei den verschiedenen Gangarten zeigen die absolute Schrittlänge und Ganggeschwindigkeit, zur besseren Erläuterung in Gegenüberstellung mit dem Warmblutpferd Trakehner Abstammung.

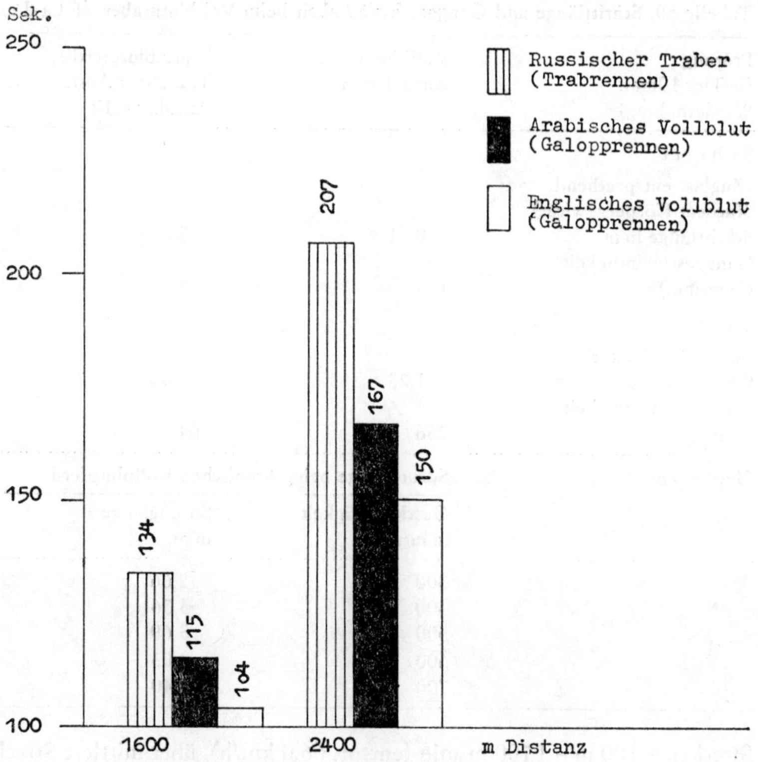

Abb. 91. Rennleistungen des Arabischen Vollblüters im Verhältnis zum Englischen Vollblutpferd und zum Traber

Da im Schritt und Trab normalerweise nur relativ kleine Schwankungen im Tempo auftreten, wurden nur Durchschnittswerte angegeben. Im Galopp dagegen ist eine Geschwindigkeitssteigerung um über 100 % mit einbezogen, um zu erfahren, ob der Arabische Vollblüter dabei seine Schrittzahl erhöht oder die Schrittlänge vergrößert, die hier der Sprungzahl entspricht; die Anzahl der Schritte bleibt – sowohl beim reiterlich rohen als auch beim gut durchgerittenen Pferd – trotz erheblich steigender Schnelligkeit gleich. Die größere Geschwindigkeit wird ausschließlich durch die Verlängerung der Galoppsprünge erreicht. Die Unterschiede zwischen den beiden Rassen liegen in der größeren Schrittlänge des Vollblutarabers im Schritt, die dann allerdings im Trab erheblich hinter der des Warmblutpferdes Trakehner Abstammung zurückbleibt. Eine ähnliche Entwicklung macht jeweils die Geschwindigkeit mit. Beiden miteinander verglichenen Pferderassen gemeinsam ist eine Verlängerung der Schritte und eine Vergrößerung des Tempos bei fehlender Last im Schritt um etwa 20 %. Das angegebene Galopptempo von 700 m/min (entspr. 41,4 km/h) entspricht nicht der Höchstgeschwindigkeit beim Arabischen Vollblutpferd. Diese beträgt über kurze

Tabelle 50. Schrittlänge und Ganggeschwindigkeit beim Vollblutaraber (F l a d e)

Prüfung (je Tier 10mal. Wiederholung)	Vollblutaraber Anzahl = 3	Warmblutpferd Trakehner Abst. Anzahl = 10
S c h r i t t		
(Zuglast entsprechend 3fachem Körpergewicht)		
Schrittlänge in m	0,71	0,67
Ganggeschwindigkeit (in m/min)	104	89
T r a b		
(unter dem Reiter)		
Schrittlänge in m	1,28	1,41
Ganggeschwindigkeit (in m/min)	256	264
G a l o p p	Sprunglänge beim Arabischen Vollblutpferd	
	Geschwindigkeit in m/min	Sprunglänge in m
	300	2,66
	400	3,36
	500	3,69
	600	4,03
	700	4,40

Strecken – 100 m – 1100 m/min (entspr. 66,0 km/h), über mittlere Strecken – 2500 m – 900 m/min (entspr. 54,0 km/h) unter dem Reiter.

Die Fähigkeit des Vollblutarabers zu Dauerleistung ist hoch. Bei einmaligen Dauerleistungen von 100 bis 150 km an einem Tag kann bei guter Vorbereitung und unter einem erfahrenen Reiter ein Durchschnittstempo von 300 m/min (entspr. 18 km/h) gefordert werden, ohne daß organische Schäden auftreten. Werden über längere Zeit täglich mehr als 100 km Strecke zurückgelegt, kann nach den Erfahrungen des Verfassers das Durchschnittstempo auf etwa 220 m/min (entspr. 12 km/h) gehalten werden.

Bei 14 derartigen Ritten wurden für den Schritt durchschnittlich 80–90 m/min (4,8–5,4 km/h), für den Trab 240–250 m/min (14,4–15,0 km/h) und für den Galopp 430–460 m/min (25,8–27,6 km/h) gemessen. Der Anteil der Gangarten ist in der Tabelle 51 ausgewiesen.

R a s w a n bringt als besonderes Beispiel für die Dauerleistungsfähigkeit des Vollblutarabers einen Ritt von Schiraz nach Teheran über 2630 km in 18 Tagen (= 146 km/täglich) und einen weiteren über 167,3 km in 15,5 Stunden (= 10,8 km/h) ohne Rast. Damit werden die vorstehenden Angaben bestätigt, wobei offensichtlich die beim Araberpferd auffallend hohen Hämoglobinwerte (= Sauerstofftransport im Blut und damit Sauerstoffversorgung der Muskeln) eine wesentliche Rolle spielen (Tab. 52 und 53).

Tabelle 51. Anteil der Gangarten bei 14 Distanzritten, die mit Vollblutaraberstuten durchgeführt wurden, in km/% und min/%. Nach F l a d e

Anteil an der Gesamtstrecke	Schritt km	%	Trab km	%	Galopp km	%	Gesamt km
	265	15	1 190	68	300	17	1 764
Anteil an der Gesamtzeit	**Schritt min**	**%**	**Trab min**	**%**	**Galopp min**	**%**	**Gesamt min**
	2 930	35	4 700	56	740	9	8 370 (= 139,5 Stunden)

Tabelle 52. Durchschnittsmenge von Hämoglobin (Hb) im Blut von Hengsten verschiedener Rassen. In Y. K l y n s t r a nach Material von R o m i j n sowie von H a n s e n und T o d d

Rasse	g Hb/Liter Blut
Kaltblut	115,1
Warmblut	126,7
Arabisches Vollblut	132,0

Tabelle 53. Mobilisierung der Hämoglobinreserve bei Langstreckengalopps von Hengsten verschiedener Rassen in der Schweiz. In Y. K l y n s t r a nach Material von H e u s s e r

Rasse	g Hb/Liter Blut
Freiberger	178,4
Halbblut	192,8
Araber	205,2

Diese Forderungen sind Höchstleistungen, die einen gesunden Organismus und stabile Konstitution des Pferdes – und auch des Reiters – voraussetzen, wobei neben äußerster Sorgfalt auch die Geschwindigkeit genau nach Zeit und Strecke eingehalten werden muß. Die Tatsache, daß nach dem Bewältigen von 100 km im 220 m/min-Tempo 30–45 kg Gewichtsabnahme (entspricht 7–10 % des Lebendgewichts) auch beim Vollblutaraber erfolgt, bestätigt das. Diesen Gewichtsverlust innerhalb der ersten 100 km gleicht der Vollblutaraber allerdings innerhalb von 24 Stunden ohne Erhöhung der Futterration fast völlig wieder aus, da er sich zu seinem größten Teil auf den Wasserverlust beschränkt (60–75 %):

Lebendgewicht v o r Dauerleistung	421,8 kg = 100,0 %,
Lebendgewicht sofort nach Dauerleistung	395,3 kg = 93,7 %,
Lebendgewicht 24 Stunden nach Dauerleistung	415,5 kg = 98,5 %.

Im übrigen sind auch beim Warmblutpferd Trakehner Abstammung und beim Arabischen Halbblüter die Verhältnisse ähnlich: nach 24 Stunden sind 96,8 % bzw. 97,1 % des Ausgangsgewichts wieder erreicht.

Die Eignung des Vollblutarabers für Arbeitsleistung ist im Verhältnis zu seiner Größe recht günstig. Sein mit großer Energie und angenehmen Charakter gepaarter Leistungswille wirkt sich dabei besonders aus.

Bei Zugleistungsprüfungen bewältigte eine 450 kg schwere Vollblutaraberstute 300 kg Zugwiderstand (entspr. 6000 kg rollende Last), alle weiteren geprüften Tiere 250 kg Zugwiderstand (entspr. 5000 kg rollende Last).

Bei den genannten Untersuchungen konnte für den Vollblutaraber als günstigste Dauer-Arbeitsleistung die Bewältigung von 65 kg Zugwiderstand (entspr. 1300 kg rollende Last) im Schritt für einen acht- bis zehnstündigen Arbeitstag festgestellt werden. Dabei zeigten sich auch keine Veränderungen der Atemfrequenz, die auf eine Überlastung des Organismus schließen ließen. Die geringfügige Erhöhung der Zahl der Atemzüge wurde innerhalb weniger Minuten wieder ausgeglichen:

Zahl der Atemzüge je Minute bei 16 Prüfungen:

vor der Prüfung	10,7
nach der Prüfung	
sofort	20,4
5 Minuten	14,9
10 Minuten	12,8
15 Minuten	12,2

Das Arabische Vollblutpferd ist leichtfuttrig und auch in seinen Ansprüchen an die Trinkwassermenge bescheiden. Diese Eigenschaft ist auch beim Arabischen Halbblutpferd zu finden, und aus ökonomischen und sonstigen praktischen Gründen, die genannt wurden, sehr erwünscht.

Tatsächlich ist der Anspruch des Vollblutarabers an die Futtermenge und -qualität absolut und auch relativ zum Lebendgewicht gering. Die Futterration muß allerdings zur Erhaltung von Modell und Typ einen bestimmten Anteil an Konzentratfuttermitteln enthalten, wie bereits eingehend begründet wurde. Ein dauerndes Ausweichen von Konzentraten auf große Mengen von Rauh- und vor allem Saftfutter ist erfahrungsgemäß beim wachsenden Vollblutaraber abzulehnen.

Die in Tabelle 54 angegebenen Futtermengen wurden täglich als Erhaltungsfutter an erwachsene Vollblutaraber – 5 Tiere mit einem Durchschnittsgewicht von 460 kg – verabreicht, ohne daß im Fütterungszeitraum von 75 Tagen eine nennenswerte Gewichtsveränderung eintrat.

Die angegebene Futterration (Tab. 54) genügt als Erhaltungsgrundlage, muß aber bei geforderter Leistung entsprechend erhöht werden. Sie liegt hinsichtlich ihres Gehalts an Energetischen Futtereinheiten bzw. an Stärkewerten je kg Gewicht fast 20 % unter dem Bedarf des Edlen Warmblutpferdes (DDR-Standard) das für das gleiche Gewicht von 460 kg (s. o.) rund 3,100 kEFr bzw. 2,4 kStw benötigt. Allgemein ist das Gewicht des Vollblutarabers nur mit etwa 420 kg zu veranschlagen, so daß eine Kürzung der angegebenen Erhaltungsfutterration um etwa 10 % noch vorgenommen werden kann. Mit Rücksicht auf die Erhaltung des Typs soll der Anteil an Saftfutter an der Gesamtration etwa 7 % der EFr bzw. 10 % des Stw nicht übersteigen.

Tabelle 54. Futterration für Arabische Vollblutpferde (etwa 460 kg Gewicht). Nach F l a d e

Futtermittel	kg je Tier	entspr. kEFr* DDR-Futterbewertungssystem	entspr. KStw
Hafer	1,5	0,909	0,889
Trockengrüngut (Sommerroggen)	0,5	0,254	0,268
Wiesenheu II. Qualität	2,0	0,672	0,558
Massenrüben	3,0	0,192	0,168
Futterstroh (Hafer)	1,0	0,346	0,126
Häcksel (Roggenstroh)	0,8	0,251	0,115
Gesamt			**2,124**

* = 1 kEFr = 1000 EFr (Energetische Futtereinheiten Rind) = 2500 kcal, Lit.: Autorenkollektiv, DDR-Futterbewertungssystem, 5. Aufl., Berlin 1986

Auch die Verwendung anderer Futtermittel, die vielfach zur Ernährung von Sport- und Wirtschaftspferden Verwendung finden, wurde geprüft. Ihre Verabreichung ergab beim arabischen Vollblutpferd ebenfalls keine Ernährungsstörungen. Zu diesen Futtermitteln gehören:

Roggen-, Weizen-, Gerstenkörner, industr. Mischfuttermittel;
Zuckerschnitzel;
Grünmais;
Silomais, andere Silagen;
Sonnenblumen;
getrocknetes Grüngut verschiedener Art (auch pelletiert);
Wasser-, Gehalts- und Zuckerrüben.

Sie konnten ohne Schwierigkeiten in dem bei der Pferdefütterung allgemein üblichen Anteil an der Gesamtfutterration und unter Einhaltung der Umstellungszeiten vom bisherigen auf das neue Futtermittel gegeben werden.

Bei der Fütterung des wachsenden Vollblutarabers ist dessen spezifisches Wachstum besonders zu berücksichtigen (s. d.). Er muß vor allem im ersten Lebensjahr intensiv, also konzentratreich, ernährt werden, damit die gewünschten Höhenmaße und die Fundamentstärke erreicht werden. Die Entwicklung der Tiefe und Breite erfordert vor allem im zweiten und dritten Jahr während des Sommers nicht zu viel, aber kalk- und phosphorreiche Weide und im Winter gutes mineralstoffreiches Heu. Saftfutter sollte in diesem Lebensabschnitt nur in dem für den Stoffwechsel notwendigen Umfang verabreicht werden, um das wachsende Fohlen zu einem typtreuen Vollblutaraber heranzuziehen.

Danksagung

Für zusätzliche freundliche Beratung, Unterstützung, schriftliche Mitteilungen, Überlassung von Literatur und Bildmaterial bei der Vorbereitung dieser neuen Auflage bin ich besonders dankbar:

Frau

Al Khalifa, Al Manamah (Bahrein), Guttmann, Herbertsfelden (BRD), Molenda, Warschau (Polen), Raswan, Santa Barbara (USA), Schiele, Haan (BRD), Dr. Steiner, Dresden, Dr. Szidnai, Budapest (Ungarn).

Herrn

Prof. Dr. Balakshin, Moskau (UdSSR), Dr. Bláha †, Brno (ČSSR), Prof. Dr. Brentjes, Berlin, Dr. Brzeski, Kraków (Polen), Dr. Csapó, Budapest (Ungarn), Dr. Detkens, Warschau (Polen), Dr. Dobrev, Sofia (Bulgarien), Dr. Dušek, Slatiňany (ČSSR), Prof. Dr. Grabowski †, Warschau (Polen), Grzybowski, Warschau (Polen), Dr. Hecker, Budapest (Ungarn), Jankovich †, Budapest (Ungarn), Jaworowski, Michałow (Polen), Dr. Karaiwanow, Kostinbrod (Bulgarien), Prof. Dr. Krasnikow †, Moskau (UdSSR), Krzyształowicz, Janów Podlaski (Polen), Dr. Kurowski †, Warschau (Polen), Pettkó-Szandtner †, Ein Shams/El Zahraa (Ägypten), Prof. Dr. Pruski †, Warschau (Polen), Dr. Radnai, Keszthely (Ungarn), Raswan †, Santa Barbara (USA), Prof. Dr. Reed, Chikago (USA), Prof. Dr. Schtschekin, Taschkent (UdSSR), Dr. Skorkowski †, Kraków (Polen), Sörensen, Höör (Schweden), Dr. Sperlich, Rostock, Dr. Stein, Leipzig, Dr. Stiene, Topolcianky (ČSSR), Strakhov, Tersk (UdSSR), Šurda, Topolcianky (ČSSR), Dr. Tyszkowski, Warschau (Polen).

Für die Abb. 13–18 stellte die Sächsische Landesbibliothek, Abt. Deutsche Fotothek, die Vorlagen zur Verfügung. Auch dafür herzlichen Dank.

9. Literaturverzeichnis (Auswahl)

Aaby-Ericsson, A. (1963): Araberna i Småland. Alvesta; Abe, R. A. (1933): Reise durch die ungarischen Hauptgestüte, II. Das Hauptgestüt Babolna. - St. Georg 34 (27); Abidin, I. (1918): Pferdezucht und Pferderassen im osmanischen Reiche. - Sonderheft der Dtsch. Ges. Züchtungsk. Berlin; Afanasew, S. W. und W. N. Ljachow (1953): Das arabische Pferd - Die Bedeutung des arabischen Pferdes in der Pferdezucht. Moskau. Ahnaf, N.a.d.i.k.a.d. A. H. (1927): Arabian horses and their riders. Cairo; Albaum, L. I. u. B. Brentjes (1972): Wächter des Goldes. Berlin; Ali, I. A. (1856): Breeding and science of Arabian horses. Wien (Nachdruck); Ali, M. (1929): Notes on Arabian Horses. Cairo. dgl. (1935/36): Breeding of pure bred Arab horses, I/II. ebd.; Al Khalifa, D. (1971): The Living Treasures of Bahrain. – Oriental Press, Bahrain; Ammon, K. W. (1834): Nachrichten von der Pferdezucht der Araber. Wien; d'Andrade, R. (1926): Apontamentos para um estudo a origem e domesticão do cavalo na Peninsula Hibérica. Lissabon; dgl. (1954): Alrededor del caballo Espanol. ebd.; Antoni, J. (1884): Najbardziej wyczernujaca monografja biograficzna Rzewuskiego. - Opowiadnia 40 (I); Antonius, O. (1922): Grundzüge einer Stammesgeschichte der Haustiere. Jena; dgl. (1936): Zur Abstammung des Hauspferdes. - Züchtung 43; Antunovits, A. (1964): 175 Jahre ungarisches Gestüt Babolna. – St. Georg-Almanach 15; Arabi, A. A. M.i.Z. (1928): Arabian horses I. The Horses in the General. II. The Genealogy of the Arabian Horses. III. The Names of Arabian Horses and their Riders. Übers. a. d. Arabischen von Delia Vida. Leyden; Aral N., u. S. Batu (1936): Der heutige Stand der Pferdezucht in Arabien. Ankara; Aritürk, E. (1957): Karacabey yarimka arap atlarinin beden ölcüleri ve formlari üstünde arastirmaler. - Vet. med. Fak. Derg. 4; Aschoub, A.a.d. (1948): Study of Authentic Arabian Horses. Bd. 1 u. 2. Cairo; Asil Club (1977): Asil Araber/Arabiens edle Pferde. Hildesheim/New York. Askin, R. C. de (1951): The Arab Horse Society, report of the Committee. London; Asma'I, A.s.a.A.M.i.Q.A.B. (1895): Arabian Horses and their Riders. Übers. a. d. Arabischen v. A. Haffner. Wien

Bakels, F. (1980): Der Asil-Araber im Lichte neuer genetischer Erkenntnisse. Hildesheim/New York. Balakshin, O. (1963): Die Araberzucht in der UdSSR. - Konewodstwo 33; dgl. (1970): Die Zucht des Araberpferdes in der UdSSR. - ebd. 40; dgl. (1978): Die Araberzucht in der UdSSR. Moskau; Barahmi, T. (1926): Untersuchung über die Schädelkapazität der Equiden. Diss. Halle; Barminzev, J. N., u. M. (1972): Pferdezucht und Pferdesport. Moskau; Bauer, H. (1956): Zur Geschichte der Einfuhr von Originalarabern aus den Wüsten des Orients. - Bayer. Tierärztebl. (10); Bauer, H. R. (1927): Bericht über die Araberzucht in Babolna. - Gestütsk. 22 (7); Baumann, J. 1960): Über die Araberblut-Auffrischung beim Freiburger. - Schweiz. Kavallerist 50 (4); Bilke, E. (1944): Arabisches Vollblut für die Landeszucht. - Mitt. Landw. 44; dgl. (1945): Die züchterische Bedeutung des Gestütbuches für arabisches Vollblut und des Vollblutarabers. - Z. Tierzüchtg. 57 (2); dgl. (1955): Die Wüstenaraber von El Zahraa. - St. Georg 56 (22); Blunn, O. T. u. C. E. Howell (1936): The inheritance of white facial markings in Arabian Horses. - J. Hered. 27 (8); Blunt, A. (1879): Bedouin tribes of the Euphrates. 2 Bände. London; dgl. (1881): A pilgrimage to Najd. 2 Bände. London; Boessneck, J. (1953): Die Haustiere in Altägypten. - Zool. Staatssammlung München (1); dgl. Th. Haltenorth, A. Kleinschmidt, u. H. Ebhardt (1959): Über die Abstammung des Hauspferdes. - Säugetierk. Mitt. 7; Boettger, C. R. (1958): Die Haustiere Afrikas. Jena; Bojanowski, St. (1906): Sylwetki koni orjentalnych i ich hodowców w Polsce. Kraków; Borden, S. (1906): The Arab Horse. New York; Boros, R.

(1956): Pferdezucht in Ungarn. - Konewodstwo 26 (8); B o r o w i a k , J. (1914): Die arabische und angloarabische Pferdezucht des Grafen Branicki in Bialocerkiew. Stuttgart; B o u c a u t , J. P. (1912): The Arab Horse, the Thoroughbred, and the Turf. London; B r ä u e r , C. (1901): Die Gestüte des In- und Auslandes. Dresden; B r e n t j e s , B. (1963): Land zwischen den Strömen. Leipzig; dgl. (1967): die iranische Welt vor Mohammed. ebd.; dgl. (1970): Die orientalische Welt. Berlin; dgl. (1971): Die Söhne Ismaels - Geschichte und Kultur der Araber. Leipzig; dgl. (1972): Das Pferd im Alten Orient. - Säugetierk. Mitt. 20 (4); B r o w n , T. (1831): Biographische Skizzen und authentische Anecdoten von Pferden und den Thieren derselben Gattung. Weimar; B r o w n , W. R. (1929): The Horse of the Desert. New York; B r z e s k i , E., K u l i s a , M. und U. L a u f e r s c h w e i l e r (1983): Charakterystyka sezonu rozpłodowego w stadninie koni Michałow. Rozn. nauk roln., B., 102; B u d j o n n y , S. M. (1952): Kniga o Loszadi. Moskau; B u r c k h a r d t , J. L. (1829): Travels in Arabia. 2 Bde., London; dgl. (1831): Notes on the Bedouin and Wahabys. 2 Bde., London

C h a r d i n (1733): Voyage du chevalier en Perse. Amsterdam; C h a t e l a i n , Ch. (1816): Memoire sur les chevaux Arabes. Paris; C h e v i g n y , v. (1939): Der Rückgang des arabischen Pferdes im Orient. – St. Georg 40 (2); C l a r k , H. V. M. (o. J.): Arab study in England is fifty years old. - Arab. horse news, 3 (1); C l e r o , A. la (1854): de l'origine commune des chevaux Arabes et des chevaux Berbes. Paris; C o m f o r t , A. (1962): A Life Fable for Arabian Mases. - J. Geront. 17 (1); C o n n , G. H. (1957): The Arabian horse in Amerika. Woodstock; C z a p s k i , N. (1874): Historia powszechna konia. Poznań (vgl. H u t t e n - C z a p s k i); C z e r s k i , J. D. (1892): Beschreibung der Sammlung posttertiärer Säugetiere. St. Petersburg

D a h n k e , E. (1961): Vollblut-Araberhengst „Jasir ox". - Reiterrevue int. 4 (2); D a m o i s e a u (1821): Hippologische Reisen im Orient. Aus dem Französischen übersetzt von H e i n z e ; D a u m a s , E. (1854): Principes généraux du cavalier Arabe. Paris; dgl. (1863): Les chevaux du Sahara et les mœurs du désert. Aus dem Französischen übersetzt von H u t t o n . London; D a v e n p o r t , C. (1934): Voyage on Arabia. Washington; D a v e n p o r t , H. (1911): My Quest for Arabian Horse. London; D e n t , A. A., u. D. M. G o o d a l l (1962): The Foals of Epona. London; D e s c o i n s (1924): L'équitation arabe: ses principes: sa pratique. Paris; D e t k e n s , St. (1967): Wpływ arabów pochodzenia janowskiego na hodowlę świarowa (bez ZSSR) w okresie powojennym. - Koń pol. 2 (2); dgl., u. J. G r a b o w s k i (1968): Światowej sławy stadnina Pomona w USA; wpłw na nia polskiego reproduktora. - Zesz. Nauk WSR Szczec. 29 (167–183); D o u g h t y , Ch. M. (1888): Travels in Arabia Deserta. Bd. 1 u. 2. Cambridge; D ü n k e l b e r g , Fr. W. (1907): Das Englisch-Arabische Vollblut und seine Zuchtmethoden. Stuttgart; D u e r s t , J. U. (1908): The Horse of Anau in its Relation to History and the Races Domestic Horses. - Carn. publ.; D u r i d , a.b.M.i.a.H. (1859): Arabian Horses I. about Saddles and Equipmant II. about Weapons used on Horseback III. about Arabian Horses IV. about Arabian Horses. Übers. a. d. Arabischen v. W r i g h t . London u. Edinburgh; D u š e k J. (1975): Die genetische Bedingtheit (h^2) von Leistungsmerkmalen in der Sportpferdezüchtung, in Genetische Grundlagen/Selektion und Zuchtverfahren in der Sportpferdezüchtung. Int. Symposium Leipzig 1974. Leipzig; D u s s a u d (1910): Les regions desertiques de la Syrie et la cheval Arabe. - Bull. Soc. Anthropol. Paris, 5 (4); D z i e d u s z y c k i , A. (1934): Konie arabskie importowanie w XIXst. przez. P. Zimmermana i Artura Beya. - Jezdz. Hod.

E b e l i n g , E. (1951): Bruchstücke einer mittelassyrischen Vorschriftensammlung für die Akklimatisierung und Trainierung von Wagenpferden. - Veröff. Inst. Orientforsch. Nr. 7, Berlin; E g a n , E. (1896): Ein Wort für das arabische Pferd. Berlin; E h r e n b e r g , P. (1955): Forschungen zur Zuchtentwicklung des schweren Pferdes während des Schlußdrittels des letzten vorchristlichen Jahrhunderts im nahen und fernen Osten. - SB. Dtsch. Ak. Landw.-Wiss. Berlin 4 (15); Engels, F. (1969): Kavallerie. In: Marx-Engels-Werke (MEW), Bd. 14, Berlin; Erdely, M. (1827): Beschreibungen der einzelnen Gestüte des österreichischen Kaiserstaates. Wien; Ewart, C. (1905): The Tarpan and its Relationship with Wild and Domestic Horses. - Proc. R. Soc. Edinburgh; dgl. (1905): The Possible Ancestors of the Horse. Science; dgl. (1907): The Derivation of the Modern Horse. - Quart. Rev. Biol. 10. 26 (pt. 5) b; dgl. (1912): The Priciples of Breeding and the Origin of Domesticated Breeds of Animals. - Rep. Anim. Ind. 27

Firouz, L. L. (1973): Osteological and Historical Implications of the Caspian Miniature Horse to Early Horse Domestication in Iran. In: Domestikationsforschung und Geschichte der Haustiere. Hrsg. J. Matolcsi, Budapest, S. 309–316; Flade, J. E. (1955): Der derzeitige Stand der arabischen Vollblutzucht in Polen. - Tierzucht 9 (4); dgl. (1957): Die Rückzüchtung des polnischen Koniks. - Pferd Sport 1 (2); dgl. (1958): Die arabische Vollblutzucht in Polen. - Arch. Tierzucht 1 (5/6); dgl. (1958): Das Pferd im Altertum. - Pferd Sport 2 (2); dgl. (1960): Distanzritte. - ebd. 4 (2); dgl. (1960): Adonah. - ebd. 4 (2); dgl., u. W. Frederich (1963): Beitrag zum Problem der Trächtigkeitsdauer und zu ihrer faktoriellen Abhängigkeit beim Pferd. - Arch. Tierzucht 6 (5/6); dgl. (1968): Janów Podlaski – Perle der europäischen Pferdezucht. - Pferd Sport 12 (3); dgl. (1975): Phänotypische und genetische Merkmalsvariation bei Sportpferden, in Genetische Grundlagen/Selektion und Zuchtverfahren in der Sportpferdezüchtung. Int. Symposium Leipzig 1974. Leipzig; dgl. (1976): Uwagi o czystości krwi i typach końia arabskiego. - Koń Pol. 11 (3); dgl. In: E. Tylinek, Z. Samková und J. E. Flade (1984): Das große Pferdebuch. Leipzig (engl. Ausgabe London und New York, 1984); dgl., u. K. H. Gless (1987): Kleinpferde. Berlin; Forbis, J. (1980): Das klassische arabische Pferd. Berlin und Hamburg; Forster, F. (1936): Der Unterschied im Exterieur bei Pferden mit arabischen und englischen Blutanteilen, mit besonderer Berücksichtigung der Rumpflänge und Maße. - Züchtungsk. 11, S. 147 ff.; Franganillo, A. R., u. R. Pozo Lora (1960): Heredabilidad y repetilidad de la duración de la gestación de las yeguas de la razas Española y Arabe. - Arch. Zoot. 9 (4/6) S. 132–147, Cordoba; Französische Gestütsverwaltung (1926): Bericht über den Ankauf arabischer Pferde im Orient. - St. Georg 27 (17); Frey, O. (1968): Das arabische Pferd. Winterthur; Frielinghaus, E. (1953): Arabische Pferde. Darmstadt; dgl. (1956): Reise in die ägyptische Pferdezucht. - Hess. Pferdezüchter 8 (1); dgl. (1967): Die europäische Familie des arabischen Vollbluts. - St. Georg 68 (1/2); Froehner, R. (1952/57): Kulturgeschichte der Tierheilkunde. 3 Bände. Konstanz

Gayot, E. (1854): Die Zucht des arabischen und englischen Vollblutes in Frankreich und die anglo-arabischen Vollblutfamilien. Magdeburg; Gazder, P. J. (1954): The Genetic History of the Arabian Horse in the United States. - J. Hered. 45 (2); Gouin, E. (1877): L'Egypte de puise la conquète des Arabes sous la domination de Mehemet Aly. Paris; Grabowski, J. (1917): Koń połkrwi arabskiej w fornalce. - Zag. Pol. 2; dgl. (1922): O pochodze niu ogierow orientalnych depots państwowych. - Jezdz. Hod. (3, 4, 9); dgl. (1937): Przyłosc rasy arabskiej. - ebd.; dgl., St. Detkens, u. R. Tyszkowski (1971): Wzrost i rozwój źrebiąt oraz młodzióży rasy czystej Krwiarabskiej w środowisku Niziny Podlaskiej. - Zesz. Nauk WSR Szczec. 36; dgl. (1971): Polemika w prasie NRF na temat czystości krwi koni arabskich. - Koń pol. 8 (4); Graffe (1854): Die Zucht des arabischen und englischen Vollblutes in Frankreich. Magdeburg; Griesbach, I. (1952): Die Araberzucht der Gegenwart. Diss. München; Grkovic, M. (1932): Nas Arabski konj. Zagreb; Gromowa, W. (1949): Istorija loszadiej (roda Equus) w starom swietir. - Trudy Pal. Inst. Moskau 17; dgl. (1955): Le genre Equus. - Ann. Cent. Pal. 13; dgl. (1959): On the Skeleton of the Tarpan (Eq. o. gmelini Ant.) and of other Present Day Wild Horses, Part. I. - Bull. Ges. Naturf. Moskau 64; Guarmani, C. (1864): El kamsa. Bologna; dgl. (1865): Compte rendu du voyage du Guarmani au Jebel Schammar. - Soc. de Geogr. Paris; dgl. (1865): Itineraire de Jerusalem au Neged septentrional. Paris; dgl. (1866): Kamsa cavallo Arabo puro sangue del Neged. Jerusalem; G u s o v i u s , J. (1959): Ein Besuch im polnischen Hauptgestüt Janów Podlaski. - Pferd Sport 3 (3); G u t t m a n n , U. und F. B. K l y n s t r a (1968): The lineage of the Polish Arabian horses. - Die Abstammung der polnischen Araber. Marbach/Lauter

H a d s c h i d i m i t r o f f , P., u. D. G. D i m i t r o f f (1956): Wachstum und Entwicklung von Fohlen der arabischen und ostbulgarischen Rasse im Staatsgut „W. Kolarow" 1941 bis 1950. - Wiss. Arb. Zoot. 6, Sofia; H a m m e r - P u r g s t a l l (1849): Sur la chevalerie des arabes anterieure à celle de l'Europe. - J. Asiat.; dgl. (1854): Sur les lames des orientaux. - J. Asiat.; dgl. (1856): Das Pferd bei den Arabern. Wien; H a m o r s z k y , A. (1936): Eine Reise durch polnische Gestüte - Das Gestüt des Fürsten Sanguszko. - St. Georg 37 (3); H a m o r y , D., u. J. B e c z e (1952): A Babolnai Arab cszikok fejlödése. - Magyar Tudom., Sonderheft; H a n c a r , F. (1955): Das Pferd in prähistorischer und früher historischer Zeit. Wien; H a n s e n , M. F. u. A. C. T o d d (1951) Preleminary Report on the Blood Picture of the Arabian Horse. J. Am. Vet. Assoc., 118; H a t o s , I. A. (1965): Bábolna, das Gestüt im Spiegel seiner Vergangenheit. - Schweiz. Kavallerist 55 (1); H a u p t , R. v. (1923): Über den Vergleich der Skelettausbildung von Equus Przewalski (Foljakoff) mit denjenigen fossiler und rezenter Pferderassen. Diss. Halle; H e p t n e r , W. G. (1934): Notiz über den südrussischen Tarpan. - Z. Säugetierk. 9; dgl. (1955): Zametki o Tarpanach. - Zool. J. Moskau 34 (6); H e r m e s , G. (1936): Das gezähmte Pferd im alten Orient. - Anthropos 31; H e r r e , W. (1955): Domestikation und Stammesgeschichte. Stuttgart; dgl. (1958): Züchtungsbiolog. Betrachtungen an primitiven Tierzuchten. - Z. Tierzüchtg. 71 (3); dgl., u. M. R ö h r s (1958): Die Tierreste aus den Hethitergräbern von Oman Kayasi bei Boghazkoy. - Mitt. Dtsch. Orient-Ges. 71; dgl. (1959): Zur Abstammung und Entwicklung der Haustiere, 1 u. 2. - Verh. Dtsch. Zool. Kiel; dgl., u. M. R ö h r s (1973): Haustiere zoologisch gesehen. Jena; H e u s s e r , H. (1952): Über die Blutausrüstung des Pferdes und ihre praktische Bedeutung. Schweiz. Arch. f. Tierheilkde., 94; H i l z h e i m e r , M. (1909): Die Haustiere in Abstammung und Entwicklung. Stuttgart; dgl. (1912): Geschichte unserer Haustiere. Leipzig; dgl. (1926): Natürliche Rassengeschichte der Haussäugetiere. Berlin u. Leipzig; H i n k , A. (1909): Über schwere Pferde im alt- und mittelpersischen Reich. - Gestütsk. (10/11); H i t t i , Ph. (1956): History of the Arabs from the Earliest Annes to the Present. London; H o u g h , C. W. (o. J.): Hough Arabs in England. - Arab. Horse news 3 (4); H o u t a p p e l , H. E. C. M. (o. J.): Arabs in Holland. - ebd. 3 (4); H r a s n i k a , F. (1957): Die Zuchtanalyse des arabischen Zuchtmaterials des Gestütes Borike. - Veterinaria Prag 6; dgl. (1957): Prilog poznavanju eksterijera mehanickih odnosa i duljine koraka kod naseg arabskog konja. - Arch. M. P. Svez. 9; H ü g e l , J. v. (1861): Die Gestüte und Meiereien seiner Majestät des Königs Wilhelm von Württemberg. Stuttgart; H u t t e n - C z a p s k i , M. v. (1876): Die Geschichte des Pferdes. Berlin. Neudruck Leipzig 1974

I g n a t i e w a , M. (1958): Die Pferdezucht in Ungarn. - Konewodstwo 28 (3)

J a c o b , G. (1897): Altarabisches Beduinenleben, nach den Quellen geschildert. Berlin; J a e g e r , J. (1846): Das orientalische Pferd und die Privatgestüte S. Majestät d. Königs von Württemberg; J a n c o v i c h , M. (1968): Pferde, Reiter, Völkerstürme. München/Basel/Wien; dgl. (1970): A magyar ló. - Különleny Agrár. Szemle 3–4 sz.

K a d i r , A. (1863): Kommentar zum Buche E. Daumas. London; K a p l i n s k i , L. (1881): Emir Rzewuski. Poznan; K a m m e n h u b e r , A. (1962): Hippologica Hethitica. Wiesbaden. K a r a i w a n o w , R., D. D o b r e v , u. N. S t r a s c h i m i r o v (1967): Genealogische Verbindung und Entwicklung der Familien im Araber-Gestüt des Staatsgutes „Wassil Kolarow". - Zoot. 20; K e l l e r , R. (1940): Das Pferd in Nordafrika. Diss. Leipzig; dgl. (1951/52):

. . . und trinke das Waschwasser. - St. Georg 52 (23) u. 53 (3); Kirsch, K.-H. (1982): Der Einfluß von importierten ägyptischen Originalaraber-Hengsten auf die Vollblutaraberzucht in der Bundesrepublik Deutschland. Diss. TÄH, Hannover. Klynstra, F. B. (1978): Wüstenadel – Ein Bekenntnis zum arabischen Pferd. Hildesheim/New York. Koch-Isenburg, L. (1959): Ein Königreich für ein Pferd. – Die blauen Hefte f. d. Tierarzt 2; König, W. (1946): Im verlorenen Paradies. Baden bei Wien; Köster, A. (1921): Die Herkunft des Pferdes in Babylonien. Wien u. Leipzig; Kraemer, A. (1912): Aus Biologie, Tierzucht und Rassengeschichte: Zur ältesten Geschichte der Pferde – Die Mongolischen und sogen. assyrischen Wildpferde – Wildpferde Europas. Stuttgart; Kraemer, U. (1904): Die Rassen der Pferde in den klassischen Staaten. - Tierzucht 8 (37); dgl. (1927): Pferdebestand und Pferderassen in Europa zu Beginn unserer Zeitrechnung. – ebd. 31 (15); Kretschmar, M. (1980): Pferd und Reiter im Orient – Untersuchungen zur Reiterkultur Vorderasiens in der Seldschukenzeit. Hildesheim/ New York; Krzystałowicz, A. (1948): Charakterystyka państwowej stadniny w Janowie Podlaskim. - PAU, prace roln.-leśne Nr. 38, Kraków; dgl. (1967): Stadnina Koni Janów Podlaski. – Zjednoczenie hod. zw. zarodowych, monografia 4, Warszawa; dgl. (1967): Historia stadniny koni Janowie Podlaskim w latach 1939–1967. - Koń Pol. 2 (2); dgl. (1974); Einfluß polnischer Vollblutaraber auf die Weltzucht. - ebd. Sonderausgabe; Kuffner, H. (1922): Studien über das orientalische Pferd unter besonderer Berücksichtigung seiner Zucht in Babolna. Wien

Legrain, L. (1946): Horseback Riding in Mesopotamia in the Third Millenium B. C. - Univ. Mus. Bull. Philadelphia 11; Lehndorff, Graf G. (1942): Ein Leben mit Pferden. Berlin; Lehndorff, Graf M. S. (1876): Hippodromos, einiges über Pferde und Rennen im griechischen Altertum. Berlin; Lehrner, K. J. (1943): Beitrag zur Kenntnis der Zucht des arabischen Pferdes im Gebiet des ehemaligen Kroatien und Slovenien unter besonderer Berücksichtigung der Bedeutung der Privatgestüte Visnjevei und Innocenzhof. Diss. Wien; Lengerken, G. v. (1965): Untersuchungen über den Einfluß der zur Veredelung der deutschen Warmblutzuchten verwendeten Spezialhengste. Diss. Halle; Lhote, H. (1958): Die Felsbilder der Sahara. Würzburg/Wien; Lindsay, P. (1958): Arabian breeding in Poland. - The Arab Horse Soc. (Herbstheft); Lipping, W. O. (1942): Das arabische Pferd. - Züchtungsk. 17 (2); Lipowicz, Z. (1977): Hodowla koni arabskich w Stanach Zjednoczonych, I. u. II. - ebd. 12 (3), 12 (4); Littauer, M. A. (1971): The Figured Evidence for a Small Pony in the Ancient Near East. Teheran; Löffler, E. (1851): Die oesterreichische Pferde-Ankauf-Mission unter k.k. Obersten Ritter v. Brudermann in Syrien, Palästina und der Wüste. Wien; Lukomski, F. (1906): Das arabische Pferd in Sławuta und anderen Gestüten. Kraków; Lundholm, B. (1949): Abstammung und Domestikation des Hauspferdes. – Zool. Bidr. Uppsala 267

Madroff, Chr. (1937): Das Araberpferd und seine Zucht in den Donauländern. - Züchtung 39; Matthews, H. (1970: Kleiner, aber gepflegter Bestand. - Pferd Sport 13 (7); Mauvy, R. (1963): Le cheval de Pur Sang Arabe le cheval barbe. Paris; Maximowa, A. (1958): Zeichnungen an Felswänden. - Sowjetunion 11 (103); Mazollier, J. (1863): Die arabischen Pferde in Syrien. London; Mecquenem, R. de (1934): Fouilles de Suse 1929–1933. - Mém. Délég. Perse Paris 25; Meffray, Ch. de (1854): Des chevaux nedjdjs keuhey lans et de la possibilité de fonder en Algerie un haras de keuheylans. Grenoble; Meissner, B. (1913): Das Pferd in Babylonien. - Assyr. Stud.; Melecki, v. (1923): Studien über Abstammung, Verbreitung und Zuchtwert des arabischen Pferdes. - Gestütsk. 18; Mercier, L. (1924): La parure des cavaliers et l'insigne des preux. Paris; Mettam, R. W. M. (1928): The horse of Antiquity. - Vet. J. 84; Meynard, B. de (1859): Die goldenen Weiden (Übers. i. franz. Sprache des Buches von Mas'Udi, 956 v. u. Z.). Paris; Milne, L. J., u. M. (1963): Die Sinneswelt der Tiere und Menschen. Hamburg u. Berlin; Mohr, E. (1959): Das Urwildpferd (Equus przewalskii Poljakoff 1881), 1. Aufl. - N. Brehm-Büch. 249 (2. Aufl. 1970); Moorey, P. R. S.

(1970): Pictoral Evidence for the History of Horse Riding in Iraq before the Kassite Period. Teheran; M o o r g a t, A. (1930): Der Kampf zu Wagen in der Kunst des alten Orients. - Orient. Lit. Ztg. 11; M o r l a n d, T. H. (1810): The Genealogy of the English Race Horse, London; M ü l l e r, J. (1975): Von Nowy Dwor bis in den Rostocker Zoo. – Pferd Sport 18 (2/3)

N a g e l, H. v. (1952): Pferdezucht und Turniersport in Spanien. - St. Georg 53 (2); N a t h u s i u s, S. v. (1891): Unterschiede zwischen der morgenländischen und abendländischen Pferdegruppe. Berlin; dgl. (1908): Weil, Privatgestüt des Königs von Württemberg. - Dtsch. Landw. Presse 35 (88); N e h r l i c h, G. (1974): Arabien – Impressionen zwischen Bagdad und Aden. Leipzig; N e i s s e r, E. (1970): Bei Arabern und Achaltekinern. - Pferd Sport 13 (6 u. 7); N e s e n i, R., J. E. F l a d e, G. H e i d l e r, u. H. S t e g e r (1958): Milchleistung und Milchzusammensetzung bei Stuten im Verlaufe der Laktation. - Arch. Tierzucht 1 (2); N i c o l e s c u, I., Th. S u c i u, E. C a l i n e s c u, S. R o m a n o w s k i, u. G. T a n a s e (1955): Verbesserung des Araberpferdes aus dem Gestüt Rusetu (Steppengebiet). - An. Inst. Zoot 13; dgl., G. T a n a s e, und M. S t e f a n e s c u (1958): Rezultatele obtinute in perfectionare caluli Arab din. statiunea experimentale I. C. Z. Rusetu. - ebd. 15, N i e b u h r, C. (1772): Beschreibung von Arabien, Kopenhagen; dgl. (1837): Reisebeschreibung nach Arabien, 2 Bde. Hamburg; N i e u w s, A. P. S. (1970): The Origia of the Arab Horse. - Tijdschr. Diergeneesk. 95; N. N. (1931): Nachrichten aus dem Ausland: Ankäufe arabischer Pferde im Orient für Polen und Ungarn. - St. Georg 32 (19); dgl. (1953): Die Abstammungsurkunde einer arabischen Vollblutstute. - ebd. 34 (4); dgl. (1954): Eine Araberherde mit geschichtlicher Tradition und züchterischer Bedeutung. - ebd. 55 (1); N ö t z o l d, G. (1970): Die arabischen Länder. Gotha/ Leipzig; N o s s k o w, M. (1956): 100 km (Araber-) Trabrennen. - Konevodstvo 26 (4); N u r e t t i n, A., u. E. S e l a h a t t i n (1935): Der heutige Stand der Pferdezucht in Arabien. - Züchtung B 33; dgl., u. dgl. (1936): Über das arabische Pferd. - Z. Tierzüchtg. 49

O e r t z e n, H. U. v. (1958): Frankreichs große Landwirtschaftsschau in Straßburg. - Der Tierzüchter 10 (10); O p p e n h e i m, M. V. (1943/1950): Tell Halaf. 2 Bde. Berlin; O r o s z, A. v. (1908): Die Staatsgestüte Ungarns. Diss. Halle; O s b o r n, H. F. (1905): Origin and History of the Horse. New York; dgl. (1907): Points of the Skeleton of the Arab Horse. - Bull. Amer. Mus. Nat. Hist. 5 (23)

P a l g r a v e, W. G. (1867); Reise in Arabien. 2 Bde. Leipzig; P a n k i e w i c z, R. (1973): Próba oceny działalności stadnina arabskich w latach 1947/48–1970/71. - Koń Pol. 8 (2); P e l l y, L. (1866): Report on a Journey to the Wahabee Capital of Riyadh in Central Arabia. Bombay; P e t k o f f, S. (1929): Untersuchungen über das Pferdematerial in Klementina und Kabijuk. Sofia; dgl., und P. K r a t s c h m a r o f f (1929): Die Körperentwicklung der Araber-, Anglo-Araber und englischen Halbblutzucht in den Staatsgestüten Kabijuk und Klementina. - Vet. med. Fak. Sofia 5 (1); P e t t k ö - S z a n d t n e r, T. v. (1951): Kafr Farouk. – St. Georg-Almanach, Düsseldorf; dgl. (1958): Tajar. - St. Georg 59 (1/2); P i e c h o c k i, T. (1924): Konie krwi orientalnej i ich hodowla w Polsce. Poznań; P o p i e l, v. (1931): Die Zucht des arabischen Pferdes im Gestüt des Fürsten S a n g u s z k o in Gumniska. - St. Georg 32 (24); P o p o w, W. (o. J.): Monographie über das arabische Pferd (in Bulgarien): Sofia; P o t r a t z, J. A. (1938): Der Pferdetext aus dem Keilarchiv von Boghazköi. Diss. Leipzig; dgl. (1938): Das Pferd in der Frühzeit. Rostock; dgl. (1954): Zucht und Training von Pferden im alten Orient. - Mitt. Dtsch. Landw. Ges. 69 (29); P o z o L o r a, R. (1956): Estimaciones biometricas en la rasa arabe des Espana. - Arch. Zoot. Cordoba 5; dgl. (1956): Study of the Fecundity of the Spanish Horse and the Arab Horse in Spain. - Pap. 3rd int. Congr. Anim. Repr. 3; P r a w o c h e n s k i, R. (1948): Hodowla koni, 3 Bde. Warszawa; P r u s k i, W. (1948): Dzieje panstwowej stadniny w Janowie Podlaskim 1817–1939. - Pozn. Towarz. Przyj. Nauk. 11 (2);

dgl. (1953): Some historical data on the breeding of Arab horses in Poland. - Roczn. Nauk. roln. 66 (2); dgl. (1953): Wazniejsze prady krwi w Polskiej hodowli koni. - ebd. 68 D; dgl. (1956): Osiagnieca polskiej hodowlo koni na forum miedzynaradowaym m latach 1800–1955. - ebd. B 70; dgl. (1967): Dzleje państwowej stadniny w Janowie Podlaskim w latach 1817–1939. - Koń Pol. 2 (2); dgl. (1970): O potrzebie ustanowienia międzynarodowych zasad prowadzenia ksiąg stadnych koni czystej krwi arabskiej. - ebd. 5 (1); dgl. (1983): Dwa wieki polskiej hodowli koni arabskich (1778–1978) i jej sukcesy na świecie. Warszawa

Radomska, M. J., u. K. Zycka (1974): Nasilenie stopnia spokrewnienia i inbredu u koni arabskich w Polsce. - Roczn. Nauk. roln. B 96 (1); Raswan, C. R. (1929): Trinker des Windes - St. Georg 30 (30); dgl. (1930): Meine Eindrücke im Arabergestüt Röblingen - ebd. 31 (11); dgl. (1930): Weil, das historische Arabergestüt vor einer Neubelebung. - ebd. 31 (18); dgl. (1930): Der Araber und sein Pferd. Stuttgart; dgl. (1931): Asil – arabische Pferde. - St. Georg 32 (14 u. 15); dgl. (1931): Khalfa und Kharra. - ebd. 32 (26); dgl. (1942): Trinker des Windes. Zürich; dgl. (1943): Arabian pedigrees. West Horsem. Newada; dgl. (1950): Tribal Areas and Migration Lines of North Arabian Bedouins. Geogr. Rev. 20 (3); dgl. (1951): Im Land der schwarzen Zelte – Mein Leben unter Beduinen. Berlin; dgl. (1955): The Arab and his Horse. Oakland; dgl. (1957–1967): Raswan-Index and Handbook for Arabian Breeders. Bd. 1–7. Mexico; dgl., u. U. Guttmann (1965): Arabische Pferde. Winterthur; Rathmann, L. (1971/74): Geschichte der Araber, Bd. 1–4, Berlin; Reese, H. H. (1958): The Kellogg Arabians. Los Angeles; Roque, J. de la (1716): Voyage de l'Arabie heureuse. Amsterdam; Rozwadowski, Z. (1958): Ogiery i klacze w hodowlo czystej krwi arabskiej w polsce w latach od 1918 do 1948. - Inf. Inst. zoot. Krakow 72; dgl. (1960): Ogiery i klacze w hodowli czystej krwi arabskiej w polsce w latach od 1948 do 1958. - ebd. 108; dgl. (1967): Wpływ Janowa na hodowlę koni czystej krwi arabskiej w ZSSR. - Koń Pol. 2 (2); dgl. (1972/73): 50 Years of Breeding Pure Blood Arabian Horses in Poland in their Genealogical Charts. Teil I 1918–1968, Teil II 1969–1972. Warszawa; Rudofsky, H. (1958): Araber. Bayreuth; Romijn, C. (1948) The red blood picture of the horse. Tijdschr. Diergeneeskde., 73; Rutkowski, R. (1866): Wiadomosci o rasach kon arabskich. - Bibl. Warszawka 4 (12); Rzewuski, W. S. (1800): Sur les chevaux orientaux et provenant des races orientales. Paris

Sänger, O. (1978): Vollblutaraber in Deutschland. Friedberg; Scheiber, K., u. J. Müller (1974): Das Araberpferd in unserer Republik. - Pferd Sport 17 (5/6); Scheide, J. (1977): Untersuchungen zur Merkmalsdifferenz zwischen Zuchtpferden des Engl. Vollblutes Hannoveraner u. Trakehner Abst., zur Zweckmäßigkeit der Erhaltung bzw. Bildung von Genreserven und deren Nutzung bei der Züchtung eines einheitlichen Warmblutpferdes i. d. DDR. Diss. Leipzig; Schellenberg, E. (1963): Bei den Beduinen. - Schweiz. Kavallerist 53 (7); Schiele, E. (1967): Araber in Europa. München, Basel, Wien; dgl. (1972): Arabiens Pferde – Allahs liebste Kinder. München, Bern, Wien; Schilder, F. A. (1956): Lehrbuch der allgemeinen Zoogeographie. Jena; Schmidt, G. v. (1930): Araber-Gestüt Röblingen, Liste der auf Sonntag, d. 17. 8. 1930, angesetzten öffentlichen Auktion. Bückeburg; Scholz, U. (1936): Geheimnis um zwei Hauptbeschäler (zum Fall „Turcmainatty"). - St. Georg 36 (24); Schuch, St. (1954): Próby dzielności na torach wyścigowych. - Rozn. Nauk roln. B 67; Schulken, C. (1922): Das Togopony. Diss. Hannover; Schwark, H. J., u. P. Petzold (1986): Das Haflinger Pferd. 2. Aufl. - N. Brehm-Büch. 346; dgl. (1975): Die Aufgaben der Züchtung bei der Herausbildung einer den gesellschaftlichen Erfordernissen der DDR Rechnung tragenden Pferdepopulation. - Z. Tierzucht 29 (2); Sejkora, K. (1938): Tatni hřebcin v Topolciankach. Prag; Seydel, H. (1933): Das arabische Vollblut. Diss. Breslau; dgl. (1933): Das arabische Vollblut (Kuhaylan), Studien über seine Eigenschaften und Beziehungen zur deutschen Pferdezucht. - Wiss.

Arch. Landw. 9 (50); dgl. (1934): Der Elite-Araber in der Wüste. - St. Georg 35 (2); dgl. (1935): Aus der Heimat des Vollblutarabers. - ebd. 36 (8); Skorkowski, E. (1926): Das arabische Pferd und seine Zucht in Polen. Krakau; dgl. (1927): Koń arabski w Polsce. Warszawa; dgl. (1929): Stan hodwowli konia arabskiego w Polsce i wytyczne jej rozwoju. Lwow; dgl. (1930): Koń arabski w krajach kulturalnych. Warszawa; dgl. (1931): Further investigation of the origin of the Arab Race. - Roczn. Nauk. roln. i lesn.; dgl. (1933): Dalsze badania pochodzeniarasy arabskiej. - ebd.; dgl. (1938): Dalsze badania pochodzeniara sy arabskiej. - ebd.; dgl. (1938): Tablice genealogiczne polskich koni arabskich czystej krwi. Warszawa; dgl. (1938): Badania nad systematyka konia. - Prace roln. lesn. Kraków 32; dgl. (1946): Ku doskonałosci polskiego araba. - Hod Koni 1; dgl. (1947/48): Polski arab najlepszem arabem swieta. - ebd. 2 u. 3; dgl. (1947/48): Rasy arabskieja a kon turkmenski. - ebd. 2 u. 3; dgl. (1947): Rysunki paleolityczne, odtwarzaja końskie podgatunki. Kraków; dgl. (1956): Systematik und Abstammung des Pferdes. - Z. Tierzüchtg. 68 (1); dgl. (1957): Aktualne zagadnienia naszej hodowlo końi arabskich. - Med. wet. 13; dgl. (1958): The Pure-in-the-Strain Breeding of Kuhailans-Saklavis. - Arab. horse news; dgl. (1960): Polski arab i jego wpływ na hodowle końi w kraju i za granica. Warszawa; dgl. (1972): Polskie tablice genealogiczne końi arabskich czystej krwi. Warszawa; Spöttel, W. (1938): Die Verbreitung, Leistungen und Eigenschaften anatolischer Haustiere in Abhängigkeit von verschiedenen Faktoren. - Kühn-Archiv 49; Stahl, W., D. Rasch, R. Siler, u. J. Váchal (1969): Populationsgenetik für Tierzüchter. Berlin; Staveacre, F. W. F., u. R. S. Summerhays (1954): In Praise of the Arabian horse. London; Stawczyk, B. (1951): Charakterystyka państwowej stadniny koni Arabskich w Nowy Dworze kolo Zywca na tle porownawczymz przedwojenne stadnina tych koni w Janowie Podlaskim. Poznań (Schreibmaschine); Stegmann, v., u. F. P. Pritzwald (1924): Die Rassengeschichte der Wirtschaftstiere und ihre Bedeutung für die Geschichte der Menschheit. Jena; Stein, L. (1967): Die Šammar-Ǧerba. - Veröff. Mus. Völkerk. Leipzig H. 17; dgl. (1974): Wandervolk der Wüste. Leipzig; Steinhaus, Fr. (1930): Das Turc-Main-Atty-Blut in der Landespferdezucht von Ungarn, der Tschechoslowakei, Rumänien und Südslavien. - Züchtung 17 (3); Stodieck, R. (1939): Der Araber und sein Pferd. - St. Georg 40 (21); Ström, H. und J. Philipsson (1981): Genetisk analys av arabhästmaterial. Rapport 48, Uppsala. Suckow, E. (1909/10): Das Arabergestüt Babolna-Puszta als Regenerator für Edelpferdezuchten. Hannover u. Düsseldorf; Šurda, J. (1969): Plemenná kniha cistokrvných Arabských koni – chovaných v plemenárskom podniko v Topolciankach – ČSSR. Bratislava; Szary, E. (1946): Nagrody Sahiby i Ofira. - Hod. Koni 1; Szczerbatow, A. (1903): Kniga o arabskoj loszadi. St. Petersburg

Thureau-Daugin, E. (1912): Une relation de la huitimè campagne de Sargon. Paris; Tiepolt, A. (1972): „Abu Afas" erhielt Gesellschaft. - Pferd Sport 15 (3); Trumler, E. (1961): Entwurf einer Systematik der rezenten Equiden und ihrer fossilen Verwandten. - Säugetierk. Mitt. 9 (3); Tweedie, W. (1894): The Arabian Horse, his country and people. London und Blackwood; Twitchell, K. S. (1953): Saudi Arabia, Princeton N. J.; Tyszkowski, J. (1946): Droga do Nowego Dworu. - Hod. koni 1

Ungnad, A. (1907): Die älteste Erwähnung des Pferdes. Orient. Litztg.; dgl. (1928): Die Ausbreitung des Pferdes. - Z. Dtsch. morgenl. Ges. 77; Upton, W. (1873): Newmarket and Arabia. London; dgl. (1881): Gleanings from the Desert of Arabia. London; Upton, P. (1980): Stammpferde der Araberzucht. Friedberg.

Veltheim, R. v. (1833): Abhandlungen über die Pferdezucht Englands, noch einiger Europäischer Länder, des Orients usw. Braunschweig; Vetulani, T. (1928): Tarpan und polnisches Landpferd (Konik), Beitrag zur Herkunft des europäischen Hauspferdes. - Biol. gen. 4 (3–5); dgl. (1933): Das Araberpferd in der Türkei. - Jezdz hod.; dgl. (1952): Das Tarpanproblem im Lichte der Abhandlungen der sowjetischen Akademie der Wissenschaften betreffend die Geschichte der Pferderassen in der „alten Welt". - Zool. J. Moskau 31 (5)

Walther, F. W. (1819): Das Pferd, seine verschiedenen Zuchten und Spielarten. Gießen; Waßmuth, R. (1972): Pedigree – Garantieschein für Zuchterfolg? - St. Georg 7 (SD S. 1–8); Weiss, K. H. (1950): Geschichte der Araberzucht des Königlichen Privatgestütes Weil. Diss. Stuttgart; Weltsted, J. R. (1842): Reisen in Arabien. 2 Bde. Halle; Wentworth, J. A. D. (1948): The authentic Arabian Horse and its descendants, London; dgl. (1950): Arab Stud Crabbet Park. Sussex; dgl. (1961): Wilfried Scawen Blunt. London; dgl. (1963): Thoroughbred Racing Stock. London; dgl. (1963): The Crabbet Arabian Stud. Sussex; Wenzler, A. (1953): Eine Araberherde mit geschichtlicher Tradition und züchterischer Bedeutung. - St. Georg 52 (1); dgl. (1967): Die Araberzucht der württembergischen Könige in Weil; Die Weiler Vollblutaraberzucht im Haupt- und Landgestüt Marbach 1932 bis 1967. In: 150 Jahre Weil-Marbacher Araberzucht. Marbach; dgl. (1973): Das Haupt- und Landgestüt Marbach/Lauter. Metzingen; Wenzler, G. (1980): Das Arabische Vollblutpferd. Stuttgart; Wheeler, R. E. M. (1950): 5000 Years of Pakistan. London; White, G. R. (1938): Polish vs. Egyptian Arabian Horses. Nashville, T.; dgl. (1938): My visit to Polish State Stud. Nashville, T.; Witt, W. O. (1952): Is istorii russkawo konnosawodstwa. Moskau; Wotowski, St. (1926): Emir Waclav Rzewuski. – Jezdz. hod.

Zaher, A. (1950): Arabian horse breeding and the Arabians of America. Fuad I. Univ. Press, Cairo; Zientarski, B. (1931): Pod namiotami beduinow. Krakow

10. Verzeichnis der Tabellen

Tab. 1. Inzuchtkoeffizienten nach Wright beim Arabischen Vollblut, verglichen mit anderen Pferderassen: S. 45
Tab. 2. Einfluß der Vorfahren auf das Individuum. Nach Waßmuth: S. 57
Tab. 3. Heritabilität verschiedener Exterieurmerkmale bei Arabischen Vollblutpferden – n = 281. Nach Ström/Philipsson: S. 58
Tab. 4. Klimaangaben für das Trockengebiet Vorder- und Mittelasiens und Nordostafrikas. Nach Köppen: S. 68
Tab. 5. Milchzusammensetzung bei ausgewählten Haussäugetieren. Nach Stier und König-Dinkler: S. 70
Tab. 6. Einzelbeispiele für die Internationalität der arabischen Vollblutzucht: S. 92
Tab. 7. Rumpfmaße arabischer Vollbluthengste, die in der Warmblutzucht der DDR eingesetzt wurden. Maße in cm: S. 93
Tab. 8. Einkreuzungsergebnisse aus Paarungen zwischen arabischen Vollbluthengsten, „Achmet I" und „Achmet II" (1953/1954), und Edlen Warmblutstuten der DDR. (Flade): S. 94
Tab. 9. Einzüchtungsergebnisse aus Paarungen zwischen dem Arabischen Vollbluthengst „Wesir" (geb. 1954) und sächsischen Warmblutstuten. Nach v. Lengerken: S. 94
Tab. 10. Einzüchtungsergebnisse aus Rückkreuzungen (R_1) mit Edlen Warmbluthengsten, gepaart an F_1-Generation aus Arabischen Vollbluthengsten und Edlen Warmblutstuten der DDR. Nach v. Lengerken: S. 94/95
Tab. 11. Einzüchtungsergebnisse aus Rückkreuzungen (R_1) mit Edlen Warmbluthengsten, gepaart an F_1-Generation aus Arabischen Vollbluthengsten und Edlen Warmblutstuten in der DDR. Nach v. Lengerken: S. 95

Tab. 12. Stellung des Arabischen Vollblutpferdes innerhalb der sowjetischen Vielseitigkeitsrassen mit vorwiegend Reiteignung. Nach Barminzev: S. 97
Tab. 13. Stellung des Arabischen Vollblutpferdes innerhalb der hochgezüchteten Steppenrassen der UdSSR hinsichtlich seines Exterieurs. Nach Barminzev: S. 97
Tab. 14. Stellung des Arabischen Vollblutpferdes innerhalb der Rassen und Typen von Reitpferden nach polnischer Auffassung. Nach Zwolinski: S. 97
Tab. 15. Rumpfmaße Arabischer Vollblutpferde (Müller/Flade): S. 100
Tab. 16. Rumpfmaße Arabischer Vollblutpferde: S. 100
Tab. 17. Rumpfmaße Arabischer Vollblutpferde im Staatsgestüt Tersk/UdSSR, verglichen mit der Zucht in Polen, in Frankreich und Großbritannien. Nach Barminzev: S. 100
Tab. 18. Variationsbreite wichtiger Körpermaße bei arabischen Vollblutpferden in der DDR. Nach Scheiber und Müller: S. 101
Tab. 19. Modellveränderungen bei der Zucht von Vollblutarabern in Polen (Flade): S. 101
Tab. 20. Ausgewählte Körpermaße von Arabischen Vollblutstuten, die 1985 und 1987 im polnischen Gestüt Janów Podlaski zur Versteigerung nach Westeuropa und Amerika kamen: S. 102
Tab. 21. Wideristhöhe von Vollblutarabern, die als Elitehengste 1985 und 1987 in polnischen Gestüten eingesetzt waren: S. 102
Tab. 22. Verhältnis der Länge von Unterarm und Röhrbein bei Pferden verschiedener Rassen (Skelettmessungen). Nach v. Haupt: S. 102
Tab. 23. Verhältnis der Länge von Hals- und Rückenwirbelsäule bei Pferden verschiedener Rassen (Skelettmessungen). Nach v. Haupt: S. 105
Tab. 24. Phänotypische Korrelationen zwischen verschiedenen Merkmalen beim Arabischen Vollblutpferd (n = 1231). Nach Ström u. Philipsson: S. 106
Tab. 25. Vergleichende Betrachtung zum Röhrbeinumfang (Lebend- und Skelettmessungen). Nach v. Haupt: S. 107
Tab. 26. Kopfmaße des Vollblutarabers im Vergleich zu anderen Rassen (Flade): S. 108
Tab. 27. Kopfmaße von Arabischen Vollblutpferden: S. 108
Tab. 28. Schädelkapazität im Verhältnis zum Lebendgewicht: S. 109
Tab. 29. Verdoppelung des Geburtsgewichts beim Arabischen Vollblutpferd im Vergleich mit anderen Rassen (Flade): S. 111
Tab. 30. Zunahmeraten Arabischer Vollblutpferde: S. 111
Tab. 31: Zuwachsraten Arabischer Vollbluthengstfohlen in % der Geburtswerte von der Geburt bis zum 18. Lebensmonat, verglichen mit denen von Hengstfohlen Englischen Vollblutes. Nach Grabowski, Detkens und Tyszkowski: S. 112
Tab. 32. Zuwachsraten Arabischer Vollblutstutfohlen der DDR in % der Gebrauchswerte (= 100%) (Flade): S. 112
Tab. 33. Wachstum Arabischer Vollblutpferde auf dem Balkan (Nicolescu, Hadschidimitroff): S. 113
Tab. 34. Veränderung der Körperharmonie im Laufe der Entwicklung bei Vollblutarabern in % der Widerristhöhe: S. 113
Tab. 35. Kaliberindex bei wachsenden Vollblutarabern: S. 114
Tab. 36. Zuwachsraten bei den Kopfmaßen von Vollblutarabern in der DDR in % des Geburtsmaßes. Nach Flade: S. 114
Tab. 37. Farbzugehörigkeit der Vollblutaraber in der DDR (1973). Müller: S. 116
Tab. 38. Farbzugehörigkeit polnischer Vollblutaraberstuten, die 1981/87 im Gestüt Janów Podlaski zur Versteigerung nach Westeuropa und Amerika kamen: S. 116
Tab. 39. Farbzugehörigkeit von 25 Vollblutarabern, die als Elitehengste 1985/87 in polnischen Gestüten standen: S. 116
Tab. 40. Haarstärken beim Arabischen Vollblutpferd im Vergleich mit anderen Pferderassen (Altenkirch, Flade): S. 117

Tab. 41. Trächtigkeits- und Abfohlergebnisse in den polnischen Staatsgestüten Albigowa, Janów Podlaski, Klemensów, Michałow und Nowy Dwór 1948/49 bis 1970/71. Nach Pankiewicz: S. 118
Tab. 42. Tägliche Laktationshöhe im Durchschnitt von 5 Monaten bei verschiedenen Pferderassen. Neseni u. a.: S. 119
Tab. 43. Trächtigkeitsdauer Arabischer Vollblutstuten in verschiedenen Ländern: S. 120
Tab. 44. Geschlechterverhältnis bei polnischen Vollblutarabern in Abhängigkeit vom Alter der fohlenden Stuten (Stutbuch 1899 bis 1952) (Flade): S. 121
Tab. 45. Zuchtverwendungsdauer arabischer Vollblutstuten (Flade): S. 122
Tab. 46. Erreichtes Lebensalter bei Arabischen Vollblutstuten. Nach Comfort: S. 123
Tab. 47. Rennplätze im Vorderen Orient (Stand Ende 1971). Nach Schiele: S. 123
Tab. 48. Rennleistungen Arabischer Vollblutpferde in verschiedenen Ländern. Nach Barminzev: S. 124
Tab. 49. Rennleistungen arabischer Vollblutpferde in der UdSSR, verglichen mit denen anderer sowjetischer Pferderassen. Nach Barminzev: S. 124
Tab. 50. Schrittlänge und Ganggeschwindigkeit beim Vollblutaraber (Flade): S. 126
Tab. 51. Anteil der Gangarten bei 14 Distanzritten, die mit Vollblutaraberstuten durchgeführt wurden (Flade): S. 127
Tab. 52. Durchschnittsmenge von Hämoglobin (Hb) im Blut von Hengsten verschiedener Rassen (in Klynstra nach Material von Romijn sowie von Hansen und Todd): S. 127
Tab. 53. Mobilisierung der Hämoglobinreserve bei Langstreckengalopps von Hengsten verschiedener Rassen in der Schweiz (in Klynstra nach Material von Heusser): S. 127
Tab. 54. Futterration für Arabische Vollblutpferde (Flade): S. 129

11. Register

Mit * versehene Ziffern geben die Abbildungsnummern an.

Abessinisches Pferd 43
Abfohlergebnis 118
Abstammungsnachweis 60 f., 67, 28*
Achal-Tekinsker-Pferd (Achal-Teke) 5 f., 43, 97, 124, 9*
Ägypten 6 ff., 8, 12 ff., 14, 34, 36 f., 38, 40 ff., 42 ff., 46, 58, 67, 70, 91, 123, 2*, 3*, 48*, 22*, 23*, 47*, 59*
Ägyptisches Pferd 8, 36, 44, 1* (s. a. Dongola-Pferd)
Äthiopien 12, 13
Afrika 6 f., 8, 12
Afrikanische Pferdezucht 6 f.
Albigowa 65, 118
Aleppo 36*
Alter 121 ff.
American-Saddle-Horse 45
Andalusier 34
Antoniny 59, 44*
Araber (Volksstamm) 11 f., 13, 14, 15, 40, 67
Arabien („Glückliches Arabien") 13
Arabien s. Inner- und Südarabien
Arbeitsleistung 123 ff.
Asiatisches Wildpferd s. Przewalski-Pferd
Assyrien 6, 11, 12
Augen 60, 62, 64, 107 ff., 110, 117, 33*, 71*, 72*, 75*
Auslesezucht (Churitter) 6
Australien 91, 93

Bábolna 38 f., 91, 52*
Babylonien 6, 7, 4*
Backen (s. a. Ganasche) 64, 109, 58*, 65*, 69*, 70*–72*
Badia-Farms 40
Bahrein 38, 40, 33*, 66*
Balkan 41
Baradinische Rasse 44
Behaarung, Behang 5, 115 ff., 117, 99, 59*, 75* u. a.
Belgisches Kaltblutpferd 102, 105, 107, 109
Berberpferd 34, 37, 44, 46 f., 89, 97, 10*, 41*
Bergaraber 46
Besamung 33
Bestand 91
Bosnisches Gebirgspferd 45
Brandenburger Warmblutpferd 83*
Brandzeichen 90

BRD 45, 120, 121, 122, 59*
Budjonny-Pferd 97, 124
Bulgarien 113, 114, 81*, 82*

Cenik 7
Churitter 6
Crabbet Park 42, 44*, 45*, 77*
Cukurova-Pferd 7

Darley Arabian 66 f., 11*
Dauerleistung 70, 72, 126 ff.
DDR 45, 64 ff., 92, 93 ff., 99 ff., 101 ff., 103, 105, 108, 111, 112, 113, 114, 116, 120, 58*, 60*, 63*, 65*, 67*, 74*, 78*
Dongola-Pferd 8, 41, 1*
Donpferd 124
Dummerstorf 113, 67*

Edles Warmblutpferd (DDR) 45, 59, 93 ff., 102, 105
Ein Shams 40, 42
El Barbary-Farms 40
El Zahraa 40, 42, 47*, 48*, 59*
Englisches Vollblut 45, 47, 60, 66 f., 92, 99, 104, 124, 10*, 11*, 91*
Entwicklung 110 ff., (s. a. Wachstum)
Ernährung 8, 9, 13, 15, 42, 44 f., 58 f., 61, 69, 96, 110 ff., 128 ff.
Europa 12, 37, 41, 46, 91
Exterieur 5, 8, 9, 35, 46 f., 58, 60 ff., 90 f., 92 ff., 96 ff., 110 ff., 123

Familie 60 ff.
Farbe 61 f., 99, 115 ff. (s. a. Haardichte und -kleid)
Fergana 5
Frankreich 34, 41, 100, 12*, 19*, 81*, 82*
Frederiksborger Pferd 34
Freiberger Pferd (Schweiz) 127
Fruchtbarkeit 118 ff., 87*
Fütterung s. Ernährung
Fustat 34
Futterration 128 ff.

Galopp 64, 72, 123 ff., 57*
Ganasche 64, 107 ff., 59*, 69*, 70*–72*
Gåvetorp 43*
Geburt 71
Generationsfolge 48, 67, 122
Georgetown 38
Geschlechterverhältnis 121
Geschwindigkeit 123 ff.
Gestütbuch 37, 46, 92
Gestüte s. unter dem jeweiligen Namen
„Glückliches Arabien" 13
Golejewko 112
Griechenland 8, 13, 5*

Größe s. Exterieur
Großbritannien 41, 42, 46, 60, 92, 100, 25*, 81*, 82*
Gumniska 39, 59

Haardichte 60, 62*
Haarkleid 5, 62, 63 ff., 66, 99, 115 ff. (s. a. Behaarung)
Hämoglobin 126 f.
Haflinger Pferd 96
Halbblut 34, 44, 59, 97, 118, 127, 42*, 43*, 83*
Halfter 71, 89, 31*
Haltung 15, 68 ff., 120 u. a., 8*, 30*, 32*
Hamdan-Stables 40
Hamiten 7, 8
Hannoveraner Pferd 45, 102
Hauspferd, Verbreitung 1*
Heritabilität 58, 120
Hethiter 6, 7
Holsteiner Pferd 104
Hufe s. Exterieur
Hufeisen 89 f., 29*
Hyksos 6

Idingsta 68*
Ilias 8
Indien 6, 7, 13, 34, 35, 36
Innerarabien 9 ff., 12 ff., 13, 14 ff., 33 ff., 36 ff., 37 f., 38 ff., 43 ff., 46 ff., 48, 60 ff., 63 f., 67, 68 ff., 91, 105 f., 117, 1*, 2*, 10*, 13*–18*, 20*, 21*, 24*, 25*, 61* (s. a. Südarabien und Randgebiete Innerarabiens)
Inzucht 44 ff., 67
Irak 5, 6, 9, 34, 36, 38, 39, 40, 44, 47
Irakisches Pferd 43, 47, 39*
Iran 5, 6, 8 f., 16, 34, 43, 120, 126 (s. a. Persien)
Iranisches Bergpferd 6
Islam 14 ff., 33 ff., 35*
Israel 6, 7

Janów Podlaski 44, 59, 65 f., 102, 118, 40*, 49*, 54*–57*, 72*, 73*
Jarczowce 59
Jemen 12, 13, 35, 36 (s. a. Südarabien, Sabäer usw.)
Jordanien 38

Kaliberindex 103 ff., 114, 83*
Kaltblut 72, 99, 102, 103, 105, 107, 109, 110 f., 117, 119, 127, 83*
Kamel 9, 13, 15, 69 ff., 72, 109, 115
Kappadozien 12
Karabachisches Pferd 43, 91
Kaspisches Pony (Kaspisches Zwergpferd) 8 f., 38*
Kastanien 116, 117

Khalifat 15 ff., 35 ff.
Kladruber Pferd 34
Klemensów 66, 118
Klima 5, 8, 15, 34, 44 f., 46 f., 58, 59, 68 ff., 90, 96
Königsfeld 42
Körperbau s. Exterieur
Körpermaße s. Exterieur
Kopf 8, 43, 58, 62, 64 f., 66 f., 98, 101, 106, 107 ff., 113, 114, 117 (s. a. Schädel, Exterieur usw.), 33*, 58*, 59*, 60*, 64*, 65*, 67* bis 69*, 70*–75*
Koran 14 f., 33
Koubah 42
Kreuzritter 35
Kuhaylan 42, 60 ff., 103, 107, 69* (s. a. Typ, Exterieur)
Kurdisches Pferd 43, 47
Kurozwęki 59

Lachmiden 13 f.
Laktation s. Milch, Milchleistung und -zusammensetzung
Libanon 12*
Libyen 6
Linienzucht s. Reinzucht
Lipizzaner 34, 83*
Lydien 7

Mamelucken 36, 37, 41, 23*
Manial 41, 42
Marbach 122, s. a. Weil
Mari 11
Maße s. Exterieur, Kopf usw.
Mecklenburger Warmblutpferd 83*
Meder 6
Mezöhegyes 90
Michałow 47, 59, 66, 118
Milch 69 f., 119 f., 88*
Milchleistung 119 f., 88*
Milchzusammensetzung 70, 88*
Mitanni 6, 7, 11
Mohammed s. Islam
Mongolen 89
Mongolisches Pferd 109
Mu'niqi 61 ff., 66 f., 11*

Nabatäer 13 f.
Neapolitaner 34
Nedschd s. Innerarabien
Neustadt/Dosse 13*–18*
Niederlande 45*
Norouzabad 9, 38* (vgl. Kaspisches Zwergpferd)
Norwegisches Fjordpferd 45
Nowy Dwor 65, 118, 63*
Nubien 12
Nubisches Pferd 41
Nutzungsdauer 121 f.

Oesterreich 38, 92
Oldenburger Warmblutpferd 103, 107, 83* (s. a. Schweres Warmblut)
Orientalische Pferderassen 34, 37, 43 ff., 46 ff.
Osmanisches Reich s. Türkei
Ostfriesisches Warmblutpferd 103, 107, 83* (s. a. Schweres Warmblut)
Othod 14

Pakistan 16
Palästina 5, 38
Pasyryk-Fund 5
Pełkinie 59
Persien 6, 8, 9, 14, 16, 34, 37, 59 (s. a. Iran)
Persisches Pferd 6, 8, 34, 37, 43, 47, 97
Polen 38 f., 44 f., 59 f., 65 f., 70, 92, 93, 99 ff., 102 ff., 108, 111, 114 ff., 116, 121 ff., 123 f., 20*, 24*, 26*, 61*, 71*, 78*, 81*, 82*
Polnischer Konik 45, 103, 104
Polnisches Landpferd 109, 83*
Polo 34
Pomona 42
Pompadour 12*
Przewalski-Pferd 6, 9, 102, 105, 107, 109, 117

Reinzucht 43 f., 47 ff., 66, 90, 28*
Reiteignung 72 f., 92 ff., 96 ff., 99 ff., 124 ff., 31*
Rennen 15, 60, 66 f., 123 f., 80*, 91*
Rennleistung 123 f., 91*
Rennplätze 42, 123
Römisches Reich 14
„Royal Mares" 10*
Rumänien 111 f., 113 f., 81*, 82*
Rusętu 113
Russischer Traber 91*
Rußland 34, 38

Sabäer 12
Sahara 6, 7, 16, 1*
Sarazenen 13, 41, 98
Saqlawi 62, 65 f., 102, 111
Sattelzeug 15, 72, 89
Saudi-Arabien 39 f. (s. a. Innerarabien usw.)
Schädel 69*, 70* (s. Kopf)
Schädelkapazität 109 f.
Schloßfessel 71, 30*
Schritt 72, 123 ff., 55*
Schweden 43*
Schweres Warmblut 45, 120 (s. a. Oldenburger und Ostfriesisches Warmblutpferd)
Sehschärfe 89
Seidenstraße 2*
Semiten 7
Shetlandpony 103, 70*, 83*

Sheykh Obeid 42
Sinnesleistungen 89
Sizilien 8
Sławuta 38 f., 59
Spanien 16 f., 33, 34, 100, 108, 120, 81*, 82*, 90*
Stämme 60 ff.
Standardbred-Trotter 45
„Straße der Streitwagen" 6, 7
Sudan 6, 8
Südarabien 9 f., 11 ff., 13 ff., 16, 69, 1*, 2*, 6*, 7*, 27*
Syrien 12, 35, 38, 39, 44, 66 f., 123 (s. a. Innerarabien)
Syrischer Araber 46
Syrisches Pferd 37, 43

Tadshikisches Pferd 43
Tarpan 8, 1*
Temperament 89
Tersk 42, 100, 46*, 53*, 64*, 71*, 76*
Tersker Pferd 97, 124
Thamudenen 13
Togo-Pony 7, 43, 37*
Trab 72, 123 f., 45*, 56*
Traber s. Russischer Traber, Standardbred-Trotter
Trächtigkeit 71, 120 f.
Trakehnen 37
Trakehner s. Warmblutpferd Trakehner Abstammung
Troja 8
Tscherkessen 89
Türkei 15, 35 ff., 38, 41, 44, 90
Türkisches Pferd 43
Tunesien 8
Turan 5 f.
Turanisches Pferd 5, 6
Turkestan 6, 34
Turkmenen 5, 6, 63
Turkmenisches Pferd 6 f., 43, 63, 97 (s. a. Achal-Tekinsker-Pferd)
Typ 5, 9, 43 ff., 60 ff., 96 ff., 115 ff. (s. a. Exterieur, Kopf und Züchtung)

UdSSR 59, 60, 67, 91, 93, 97, 100, 46*, 53*, 64*, 71*, 76*, 77*, 81*, 82*
Ukrainer Pferd 97
Ungarn 34, 38 f., 41 (vgl. S. 98), 47, 60, 92, 100, 108, 120, 81*, 82*, 90*
USA 37, 38 f., 42, 45, 46, 93, 124

Wachstum 71 f., 94 f., 110 ff., 76*
Wahhabiten 36 f., 41, 44, 47
Wanderung d. Arab. Vollblutpferdes 16, 33 f., 35*
Warmblutpferd Trakehner Abstammung 97, 107, 108, 109–111, 120, 124, 125, 83*, 85*
Warmblutzucht, Einfluß auf die 92 ff.
Weihrauchstraße 12, 2*
Weil 37, 38 f., 42, 122
Wildpferd s. Przewalski-Pferd
World Arabian Horse Organization (WAHO) 47

Zoologischer Garten Duisburg 58*
Zoologischer Garten Rostock 65*, 74*
Zscheiplitz 42
Zuchtverwendungsdauer 122 f.
Züchtung s. Reinzucht, Abstammungsnachweis, Heritabilität usw.
Zugleistung 123 ff., 128.